すべての悩みはストレッチで解決できる

整体師
福嶋尊
Takeru Fukushima

まえがき

すべてはストレッチで解決できる。

そう聞いて、みなさんはどう思われましたか？

ストレッチをすると、自信がつき、給料が上がり、やる気が出て、タフになれて、疲れも取れ、メンタルも強くなり、モテて、人が集まるようになり、幸せになれて、人生を変えられる……そう本書では言っているのです。

「いやいや、そんなわけないでしょ」と思われましたか？

ですが私は、自信をもって断言します。

「**そんなわけある！**」と。

本書を手に取っていただき、誠にありがとうございました。著者で整体師の福嶋尊《ふくしまたける》と言います。

私は整骨院を経営して15年目、累計患者数は3万人以上に及びます。なかには、映画俳優、女優、プロ野球選手、格闘家といった方々も通院され、お陰様でご好評をいただいております。

なぜ私が「すべてはストレッチで解決できる」と断言できるのかというと、かつての私自身が緊張のせいで失業したことがあるからです。その後も「集中できない」などの理由で失敗し続け、人生のどん底状態におちいりました。

そんな私ですが、独自のメソッドで体をほぐす「すぐゆるストレッチ」を開発したことで、人生をどん底から好転させることに成功しました。

毎日ストレッチでほんのちょっと体をほぐし続けていただけで、先述したように自信がつき、やる気が出てきました。疲れが取れたのは言うまでもありません。こうなると、ありがたいことに収入も上がりますし、自然とメンタルも強くなっていきます。

さらに、人が集まってくれるようになりました。たくさんのフォロワーさんに恵まれて、現在、私のSNSの総フォロワー数は10万人を超えています。

人生を大きく変えてくれたのがストレッチなのです。

世の中、悩みのない人間などいないでしょう。

大なり小なり、生きていれば何かしらを抱えるものです。

私の整骨院に通う方々も例外ではないようです。心を許してくださったのか、お客様が私に悩みを打ち明けてくださったことも一度や二度ではありません。

たとえば、こんな方々です。

「ジムに通っているのに、なぜか脆《もろ》くなっている気がします」

「全然モテない。もう何年も恋人がいないんですよ」

「婚活がうまくいかなくてイヤになっちゃいます」

最初の「脆くなってきた」はともかく、モテないとか、婚活がうまくいかないとか、身体に関係なさそうな悩みがストレッチをするだけで解決するのか？

そう思われる方も少なくないでしょう。

しかし、**そもそも「身体に関係なさそうな悩み」という考えは、単なる思い込み**に過ぎません。

実際に身心は通じており、身体が固まっていてはリラックスして異性と話すことは難しいですし、婚活のストレスも倍増してしまいます。ストレッチをすることで、よりタフになれますし、モテますし、幸せになれるのです。

本書では、全10章にわたって、さまざまな悩みを「ストレッチで解決できる」という視点から解説していきます。

さらに各章につき、数個の二次元コードを設けたので、ぜひスマホやタブレットで読み込んでください。私がみなさんのお役に立てるストレッチを動画で解説しています。**足腰や手、首や目などのストレッチを動画でご紹介しているので、ぜひご参考にして、よろしければ拡散していただければ幸いです。**

いろんな悩みを抱えている方がおられますが、身体を万全の状態に整えることがすべての解決策の資本になります。それゆえに、ストレッチは大切なのです。本書をその一助にしていただければ、著者としてこれ以上の幸せはありません。

福嶋 尊

もくじ

第２章

給料を上げたい？　残業よりストレッチだ

第3章

やる気が出ない？　サプリメントよりストレッチだ

第4章

タフになりたい？　ジム通いよりストレッチだ

第7章

モテたい？　自分磨きよりストレッチだ

第8章 友だちが少ない？ 人間関係よりストレッチだ

第9章

幸せになりたい？　婚活よりストレッチだ

第10章 人生を変えたい？　ビジネス書よりストレッチだ

この一瞬のページめくりと同時に、
ストレッチで人生が揺れ動き、
自分の限界を超える覚悟が芽生えます。

第1章

自信がない？
筋トレよりストレッチだ

脳は行動（ストレッチ）にだまされる
首を回して、より脳を刺激せよ

「自信を持ちたい！」

「ポジティブに生きたい！」


多くの人が普通に思っていることです。

けれど「今日からポジティブに！」と決意しても、なかなか思ったとおりにはならないですよね。

ひたすらポジティブになりたいと考える……よりも、具体的で効果的な方法があります。それがストレッチです。

実は、脳は思考よりも行動（ストレッチ）にだまされてくれるのです。

「それホント？」と思うかもしれません。

ではまず、いまここで一度ストレッチをしてみましょう。簡単に伸びをするだけで構いません。

やってみて、筋肉が動くのを感じたでしょうか？

ストレッチをすると、関節まわりの筋肉に刺激が伝わり、対応した筋肉は柔軟性を向上させます。

筋肉の柔軟性が増すと、人は気持ちよさを感じます。すると、この「気持ちいい」という感覚が脳に伝わり、脳内で情報として処理されます。

これは感覚的なフィードバックであり、筋肉の状態が感情に影響を与えることを示しています。

「ポジティブになりたい」と思考を先行させるのではなく、まずは筋肉を動かして、脳に働きかけることが大切です。身体を動かすこと、行動することで、ポジティブな感情を生み出せるように、脳に刺激を与えるのです。

ついネガティブになってしまうことは、誰にだってあります。

「俺ってダメだよな」

「忙しいな〜」

「なんで私ばっかり……」


こんなことをつぶやいてしまったら、その場で首回しのストレッチを始めましょう。

首の中には、脳につながる大きな血管や神経が通っています。

つまり、**首のストレッチをおこなうことで、神経が柔らかくなり、首の筋肉も柔らかくなって、血管が広がり、血流が増えるため、すぐに気持ちよくなって気分も晴れる**はずです。


この気持ちいい感覚は「感覚的フィードバック」を作り、気分が上向きになって、行動力の向上が期待できます。1ミリでも楽な気持ちになったら大成功。やる気が出てきて、行動力もスピードも確実に速くなります。

「脳で考えるより、まずはストレッチ！　行動はストレッチの後についてくる」

気づいたときにストレッチ。

それだけで、いつの間にか自信がついているでしょう。

早速、首を回すストレッチをご紹介します。左下の二次元コードから、スマホやタブレットで動画を読み込んで、ぜひ取り組んでみてください。

なお、私は本文の中で「ストレッチは1分」と述べていますが、動画は解説なども含んでいる点をご容赦ください。

首を回す
ストレッチ

固まった身体をゆっくりほぐせ
1時間に1分のストレッチが「できる自分」を作る

「作業効率を上げたい」
「手っ取り早く、簡単に、仕事ができる人間になりたい」

ストレッチは、こんな欲張りな要望も叶えてくれます。ビジネスの時間におこなうストレッチは、仕事のパフォーマンスを格段に向上させてくれるからです。

簡単なストレッチは、筋肉の疲労を和らげてくれます。

でも、**ビジネス中のストレッチには、もう一つ大事なポイントがあります。それは、身体のケアができる**ということ。

現代の仕事はデスクワークや軽作業が多く、長時間同じ姿勢で作業することになります。座りっぱなしでも立ちっぱなしでも、筋肉は硬くなりがちです。

そうなると肩こり、腰の痛みなどが出てきます。仕事のために同じ姿勢を続けると、不調や痛みを感じやすくなるのです。

だからこそ定期的なストレッチは、こうした筋肉の硬化を防ぎ、身体を柔軟に保つ助けになります。いままでストレッチをしていない方は、仕事中に少しだけストレッチすることで、心身ともに快適な状態を維持し、集中力を持続させることができます。手軽に集中力アップ、生産性アップを実現したいなら、ストレッチをしない手はありません。

「けど、デスクワーク中にストレッチってやりにくいかも？」

これはありますよね。

そこで提案したいのは「1時間に1分のストレッチ」です。最低でも1時間に1分のストレッチを心がけましょう。

500万年以上前の私たちの祖先は、毎日20キロも走り回って生きていました。つまり、生き物として「動くことが基本」です。そして時代が変わっても、身体の構造はその頃とほとんど変わっていません。

しかし、社会に大きな変化が訪れました。現代では、狩猟のような活動とは対照的に、極小スペースでの機械化された作業やデスクワークが一般的です。このような働き方をしていると、身体は硬直しやすくなり、やがて仕事の効率は下がっていきます。

そのため、**人間の持つ本来の力を発揮するためには、ストレッチをして身体をほぐす必要がある**わけです。古代の狩猟者のような動き回るための肉体から、現代のデスクワークに最適化した身体に変えていくために必要なのは、ストレッチです。

では、なぜ「1時間に1分」の割合がベストなのでしょうか？

これには3つの理由があります。

理由①　30分に1回だと周囲の目が気になる

身体的には30分に1分の割合でストレッチをしたいところ。けれど、職場で頻繁《ひんぱん》にストレッチをしていると周囲の目が気になります。社会的評価が低下しない、絶妙なストレッチの配分時間が「1時間に1分」の頻度です。

理由②　ちょうど集中力が切れてくる

集中力が切れてくる、1時間後にもう一度ストレッチ。仕事を続けると疲れが溜まり、注意力が散漫になってしまうことがあります。心身に疲労が蓄積する前に、1分だけストレッチをしてリフレッシュすることで集中力を取り戻せます。

理由③　まわりからの影響が大きいから

人は1時間も同じ場所にいると、まわりの環境から影響を受けてしまいます。特にエアコンは影響大。冷えで血行が悪くなり、体調不良が起こりやすくなります。逆に暑すぎる場所でも、身体が対応できずに不調になります。だからこそ、環境の影響をいったんリセットして身体を防御するために、1時間に1分のストレッチが有効です。

この「**ビジネス中1時間ごとに1分**」**という提案は、まさに絶妙なバランス**なのです。手っ取り早く、簡単に、仕事ができるようになります。

さあ、いまからビジネスの時間の中に、ストレッチを取り入れていきましょう！

キレのある身体を実感させるストレッチを

自信は柔軟性に宿るという科学的な根拠

何事も自信を持っていれば、うまくいくことはたくさんあります。挑戦したいという気持ちも、自信があってこそ生まれてきますよね。自分という存在に価値があると認められれば、人生は輝き始めます。

しかし、SNSで写真を投稿したり、何か発言したりして「いいね！」をもらって、自己肯定感を得ることもできますが、それは継続的な自信につながりません。

それよりも簡単に、継続的に、なくならない自信を持てる方法があります。それが、ストレッチをして柔軟性をゲットすることです！

柔軟性を得るということは、筋肉をほぐし、身体の可動域を広げ、インナーマッスルを鍛え、代謝をアップし、痩せやすい身体を作り、集中力や睡眠の質を上げることを意味します。

ストレッチによって、体中のあらゆる部分に意識を向けるようになることで、自分の身体に注目する感覚が増していきます。ストレッチを通して身体的なコントロール感を高めることで、自信もどんどん育まれていくのです。

簡単に言うと「自分の身体を自分で把握し、コントロールできる自信」を得ること。これが、自己肯定感につながります。

そのヒミツは、柔軟性が姿勢や体力にダイレクトにインパクトを与えるからです。

①柔軟性がアップすると、よい姿勢が手に入ります。
②正しい姿勢をキープしやすくなり、結果的に疲れにくくなります。
③デスクワークや作業に長時間取り組む際も、集中しやすくなります。これだけで、仕事効率が目に見えてアップします。

たとえば、職場で椅子代わりにバランスボールを取り入れて体幹を鍛えることで、仕事の効率アップを目指している、なんてニュースを聞いたことがあるかもしれません。

このように「正しい姿勢を手に入れた」という事実だけでも、自信が湧いてきて、実際に仕事がうまくいくようになります。

それだけではありません。柔軟性を身につければ、体力も向上していきます。長時間仕事をしても疲れにくく、翌日に疲労を持ち越さない身体を手に入れることができます。仕事がスムーズに進むことを実感できれば、自分に自信を持てるのは当然です。

さあ、毎日欠かさずストレッチを続けて、柔軟性を手に入れましょう。自信も、仕事の効率化も同時に手に入れられるなんて、なんだかワクワクしてきませんか？

ストレッチは筋トレと違ってキツくありませんし、気楽に毎日続けられます。1日、1週間、1か月と続けると、昨日よりも1ミリ、1センチとだんだん身体の届かなかった部分に手が届くようになっていきます。

ちょっとした成長の積み重ねが目に見えるわけです。自分の身体が進化している感覚。これを感じることができれば、成長を実感して、自分はがんばってきたんだというプライドが手に入ります。

日々、自分の肉体を磨いているという継続感。この感覚こそが、自信を築くための最強のベースになるのです。ストレッチで柔軟性を伸ばし続けることで、プライドと自信を創造し、どんどん成長を感じられます。これが一番大切なポイントです。

ですから、どんどんストレッチをして柔軟性を伸ばして自信を手に入れましょう！

ストレッチを通じて柔軟性が増すと、神経が鋭敏になってくるのがわかるはずです。自分の身体を動かすたびに、筋肉、筋力、神経、血管など、体中のあらゆる部分に意識を向けられるようになります。身体的なことに注目する感覚が増していく、これは身体コントロール能力をアップさせる基礎になります。

意識が高まると、自分の思いどおりに身体を動かし、コントロールできるようになります。つまり「身体がキレッキレになる」ということ。動いているうちに意識が集まって、思いどおりの動きができていると実感できます。これが身体をキレのある状態に導くということなんです。

「思ったとおりに動かせている！」というキレのある感覚が、自分の中に自信を生んでいきます。これこそ、簡単に手に入り、失うことのない柔軟性という能力です。

ストレッチで身体を動かして経験値を積む

自己肯定感なんて「結果」に過ぎない

「自己肯定感がないと人生が辛い」

これは真理だと思います。自分は何をやってもダメだと思いながら仕事しても成果は上がりませんし、プライベートの時間も楽しくないでしょう。

自己肯定感は、子ども時代に形成されると言われています。自分はありのままの自分で十分に価値があるという、ある意味根拠のない自信のことで、大きくは親との関係が重要だとされます。

つまり、無条件に愛された経験が自己肯定感の土台となるようです。

この時期に、親にむやみやたらに「ダメな子だ」「やる気がない」「失敗ばかり」と否定されていると自己肯定感が育ちにくいそうなのです。

また、大人になってからの自己肯定感は、成功した経験や、自分は価値があると信じられる安心感から生まれるものと考えられます。

つまり、結果を出したかどうか、ですよね。結果は過去の経験や環境によって形成されます。そして、過去は変えられません。

では、自己肯定感はいまから育てることはできないのでしょうか？

「いままで何の成功もない」「これからも何かできる予感がしない」という方もいらっしゃると思います。そして私も、やることなすこと、しくじりっぱなしの人生。自己肯定感なんてめちゃくちゃ低いのです。

私は、まわりからも「自己肯定感が低い」と言われます。

そう言われ続けて考えたのですが、**実はその「自己肯定感は高くなければならない」という考え方そのものが、問題なんじゃないかな**と感じるようになりました。

過去の失敗は取り戻せませんし、自己肯定感が低かった自分は変えられません。

いま自己肯定感が低いことは、仕方ないことです。

それはそれでいいのではないでしょうか？

過去は過去で箱に入れて封印し、いまの自己肯定感の低い自分を認め、未来に向けて自己肯定感を育てよう、ということです。

まさにいま、自己肯定感が低くてもいいのです。

「いま自己肯定感が高くなければ」と考えず「将来、自己肯定感が高まればいい」という、気楽な考え方にシフトすることをオススメします。

自己肯定感の低い自分を、新しいことに対する柔軟性を持ち、前向きな姿勢を持つ自分に変えていくためには、いまからの行動に焦点を当てるべきです。

これから1秒後、3秒後、5秒後にやることに対して積極的であることが重要です。

過去の結果に縛られず、新しいことに取り組む準備をする。

それだけで、自分の過去を否定せずに、自分に対してポジティブな生き方ができます。過去を否定するのは辛いですし、過去を振り返るのも辛いのですから、いちいち考える必要はありません。

自己肯定感がないというあなたがすべきなのは、まず行動することです。

いまから行動してみる。

自己肯定感は、その結果で育ってくる。
そう信じてみてください。

そして、簡単に結果を出せて、成長を実感できる、あるいは安心感を得ることができる方法がストレッチです。**ストレッチを通じて柔軟性を高めていけば、新しいことに積極的に取り組む気持ちも、いままでにない経験も自然と手に入ります。**

数多くの経験を積まなければ、人生の満足感なんて得られません。

悪いこと、後悔、失敗の記憶は、未来に得る満足感をより高めてくれるかもしれません。いま、自己肯定感がなくて……と立ち止まるくらいなら、身体を動かしてみることから始めましょう。

ストレッチには、イヤなことを忘れて次に進むための効果もありますよ。

肩のストレッチで〝ゆっくり〟ポジティブに

頭の中のスイッチを無理に切り替えるのは逆効果

「ポジティブにならなければ！」と、気持ちを切り替えることを呼びかける啓発本はたくさんありますし、ネット上にもそんな記事があふれていますよね。

たしかに、ポジティブな気持ちがあれば何事もうまくいきそうです。実際、ストレッチでポジティブな気持ちを手に入れられると、私もご紹介してきました。

しかし「いまからポジティブになろう！」と、本を閉じた瞬間に変えていくのは無理があります。

もともとネガティブな考え方の人は、特に大変です。

そもそもこんなふうに、**いきなり頭のスイッチを切り替えようとするのは、実はめちゃくちゃ逆効果**なのです。

たとえば、ポジティブな言葉を言って気持ちを変えよう、というテクニックがあります。朝から「感謝します」とか「ありがとう」と10回言おうとか。「ハイタッチをしてテンションを上げる」とか。これは、本当の気持ちに蓋をする方法です。

たしかに、人間は無理やり笑顔を作っていると、気持ちが変わってくるという実験もあるようです。けれど、無理やりポジティブな行動、自分の本意ではないアクションを起こすと、心がすり減ってしまうのも確かです。

感情労働という言葉がありますよね。

接客業で、お客さまのためにと常に笑顔でいることを心がけると、本来の気持ちを抑圧して疲れてしまいます。

同じように、ネガティブな気持ちを封印すること、「なぜ自分はポジティブじゃないのか」と追及することは、あまりいいことではありません。

実際、普段は使わない大げさなポジティブな言葉を言うと、けっこうストレスを感じませんか？

まさに私がそうでした。自分のココロと行動の乖離が大きすぎて、ため息を連発するくらい疲労感を感じました。

ポジティブを目指したのは「自分が幸せになるため」だったはずなのに、ポジティブになろうとして疲れていては本末転倒です。

もちろん、ポジティブを目指すのが悪いわけではありません。

一足飛びにショートカットしようとするのが間違いなのです。

頭のスイッチを無理にポジティブに替えようとするのはむしろ逆効果。スイッチをパチンと替える。脳の中に、そういうシステムがあるわけではありません。

一気にオンオフを切り替える。それもあきらめましょう。

何事も、いきなり変えようとするのは危険かもしれません。

たとえば部屋の電灯も、寝ぼけた状態でスイッチを入れると、突然周囲が明るくなって驚きますよね。

このギャップが心と身体にストレスを与えることがあるわけです。

少しずつ気持ちを切り替えていけばいいだけです。

身体にストレスをかけずに徐々に心を切り替えるためには、パチンとオンオフするスイッチではなく、左右に回すつまみ式のスイッチが必要なのです。

1目盛りずつ、ポジティブの方向に上げていく。

このアクションこそがストレッチです。

自分で小さなストレッチをしながら、つまみ式スイッチで頭の中をチューニングすれば大丈夫。ショートカットして心に負荷をかけるより、ストレッチで心の準備をしながら少しずつ進むこと。

「急がば回れ」がストレッチの本質です。

ここでは、肩のストレッチをご紹介しましょう。肩のコリで悩んでいる方は多いと思いますが、毎日ストレッチしていく積み重ねが大切です。

肩のストレッチ

第2章

給料を上げたい？
残業よりストレッチだ

上司の指示は無視しても、足腰の悲鳴は無視するな

腰のストレッチで給料以上のモノを手に入れる

健康寿命という言葉を聞いたことがあるでしょうか?

「健康上の問題で日常生活が制限されることなく生活できる期間」のことです。具体的には、介護が不要で、入院などもしていない、自分の力で健康的に生活できる限界の年齢を意味します。

多くの場合、亡くなる前に健康は悪化しますから、健康寿命は平均寿命よりも短くなります。日本人の健康寿命は、男女ともに70歳以上。一方、日本人の平均寿命は男女ともに80歳以上です。

つまり、**健康でなくなってから10年程度、病院に通ったり、老人ホームに入ったり、介護サービスを受けたりして過ごす可能性がとても高い**のです。

最近は、単に平均寿命を延ばすのではなく、どれだけ健康的な人生を送れる期間を延ばすか、ということに焦点が当たっています。健康寿命を延ばすことは、誰にとっても価値あることです。

幸い日本は医療が発達しているので、病気の予防や治療は可能です。そのためにも、まずは医療機関で定期的な健康診断を受けること。もちろん、それだけでは気づけない病気もあります。

なので、普段から自分で自分の身体に注目し、些細《ささい》な違和感を見逃さないようにしていきましょう。

ここで、役立つのがストレッチです。**日々ストレッチをしていると、身体のわずかな違和感に気づけるようになります。**逆に、自分の身体の状態を考えずに、仕事優先で生きていくとどうなるでしょうか？

もちろん、仕事をがんばることは大切です。ただ、あとからがんばりすぎたと後悔してしまうケースもあります。身体がいつも疲れているので「大きな病気のサインを見逃してしまった」なんてこともありえます。

たとえば、腰痛を放置すると、ヘルニアなどの病気で、ある日いきなり立てなくなることがあります。

ほかにも、ただの筋肉痛だと考えている人が、実は内臓が悪くなっていることがあります。いちばん心配なのは腎臓で、腎臓の痛みは腰のあたりがジンジンと痛むものなので、単なる腰痛と区別がつきにくいのです。

整骨院に行って「これは筋肉の問題じゃないよ」と言われて内科で受診してみたら、実は内臓が悪かった、なんて話はよくあることです。

でも、接骨院などに行かなくても、普段からストレッチをしていれば「これは筋肉が悪いんじゃない。何かおかしい」と気づくきっかけになります。

ストレッチで腰痛を治していこうと思って、毎日きちんと身体をほぐしているのに痛みが消えないのなら、それは病院へ行くべきサインかもしれません。

大きな病気につながる可能性があるから、普段から身体に注目しておくことが大切です。**健康はお金では買えませんが、裏を返せばお金がなくても健康を維持できると考えることもできます。**

身体の状態を知らないまま、ある日いきなり入院&手術が必要になったらどうでしょうか。給料は減り、高額の医療費がかかります。

健康でいることは、ある意味お金を儲けることでもあります。いくら払ってもいいから健康な身体を取り戻したい、というお金持ちだってたくさんいます。幸せに生きるためにも、ストレッチをして身体の感覚を鋭敏にしておくべきです。

仕事優先の人生ではなく、自分の身体優先でいいのです。特に足腰のサインは、絶対に見逃さないようにしましょう。自分で歩けるということは、とても大きな財産です。

自分の健康を守るストレッチという習慣は、人生を守る手段になります。

先にも紹介しましたが、腰痛を放置するのは危険です。ここでは腰のストレッチをご紹介するので、よろしければ試してみてください。普段から腰と注意深くつき合っておきましょう。

腰痛防止
ストレッチ

3つの理由から前向きに考えよう
「働く前」のストレッチはよいことだらけ

「ストレッチが身体によいのはわかったけど、いきなり隙間時間ごとにストレッチを始めるのはハードルが高い」

このように、いろいろ聞いてストレッチに興味があるという方でも、実際に始めるまでには心理的なハードルがあるようです。「仕事が忙しくて、隙間時間にストレッチをしようと思ったのに忘れていた」「寝る前にやるつもりだったのに、あまりやる気が出なくてついついネットをしてしまった」などという方もいるはずです。

そういう場合「**ストレッチは簡単にできる**」と実感して「**ストレッチするタイミングを確保**」**することがスタートライン**になります。そこでオススメなのが「働く前のストレッチ」です。

仕事前のストレッチが、特にオススメな理由は次の3つです。

理由①　頭がスッキリして冷静になれる

ストレッチは、すっきりした目覚めをサポートし、気持ちを落ち着かせる効果があります。朝自宅でストレッチをしてから家を出ると、通勤中にスマホで芸能界のゴシップや株価の下落などのニュースを見ても振り回されず、冷静に仕事に取り組めます。

働く前にストレッチすることで、思考が落ち着いて高ぶりを抑えてくれるのです。より冷静に物事を考えることができるため、仕事前に気持ちが変に流されなくなります。

また、リモートワークで通勤時間がない場合は、ストレッチが朝の仕事始めのサインになります。メリハリをつけて「よし、やるぞ！」という気持ちを育てるためにも、ストレッチは有効です。

理由②　集中力が高まる

実際に仕事が始まったら、ストレッチによって高まっていた集中力が効果を発揮します。始業直後は山積みのメールが待っていてげんなりしたり、職場でネガティブな情報が入ってきて憂鬱になったりすることもあるでしょう。そんなとき、先んじてメンタルを整えておけば、動揺せずに仕事を進めることができます。

ストレッチによって集中力を高めておけば、情報収集力も向上します。本当に必要な情報を取捨選択して仕事を進められるため、朝からよいスタートが切れるんです。

理由③　自分と向き合う時間を作れる

忙しい日々では、自分のことが後回しになりがちです。けれど、朝のストレッチを日課にすることで、自分のための時間を確保できます。この時間は、自分の心と身体と向き合う、自分のためだけの時間です。情報があふれかえる世の中だからこそ、静かに自分と向き合う時間を持つことで、自分を大事にすることを思い出せるでしょう。

朝の10～20分、自分のためにストレッチの時間を作りましょう。それだけで、たとえ仕事中にストレッチすることを忘れても、1日がより充実したものになります。

仕事を始める前のストレッチで、身心を整え、冷静な状態で業務に臨みましょう。

「今日は、どうしても午前中に片づけたい仕事がある」「自宅のリモートワークはメリハリがなくてダラダラ仕事をしてしまう」なんて方にこそ、朝のストレッチはオススメです。

ストレッチで頭をクリアにして、タスクを整理してから仕事に臨むことで、メリハリある1日を過ごすことができます。

「今日はこの仕事をここまで進める」というタスクを決めておけば、達成したとき満足感が得られます。そして終業後は、自分の成長を感じることができるでしょう。些細なことでも、一歩一歩進んでいる感覚が充足感をもたらし、これを継続することが自己成長につながるのです。この達成感の連鎖が、人生をよい方向に導きます。

ストレッチにはいろいろな効果がありますが、ストレッチをすること自体が成長のきっかけになるのです。

そのため、長い時間が取れなくても、5分でもいいから朝のストレッチを始めてみてください。1日1日、満足感と成長感を得ていくことが、仕事における成長につながります。働く前にストレッチをおこなうことは、単なる健康習慣ではなく、人生にポジティブな影響を与えてくれるでしょう。

仕事と趣味の両立にストレッチは必須
身体が柔らかい人ほど高収入ってホント？

結論から言うと、高収入の人は身体の柔らかさに自信がある傾向が高い、というアンケート結果があります。不思議ですよね。

そもそも「なぜ身体の柔らかさに自信を持てるのか」と気になりませんか？

結局「**自分は身体が柔らかい！」と自負している人は、普段からストレッチをして柔軟性をアップしている人**なのです。こういう自信を持っている人は、高収入である場合が多いというのが、アンケート結果から見えてきます。

では、なぜ高収入の人は、ストレッチをしていると考えられるのでしょうか？

まず、高収入の人とは、何かの分野で一芸に秀でていたり、一流の仕事人だったりします。仕事をする上で、ストレッチを取り入れているのかもしれません。

けれど、それ以外にも、ストレッチをしているだろうと推測できる要素があります。

たとえば、趣味でゴルフを実際にプレーする人と、テレビでゴルフ中継を観ているだけの人では、プレーする人のほうが本格的にゴルフ好きだと見られることでしょう。

そういう意味で、趣味には段階があります。

これは、ほかのジャンルでも同じです。見ているだけよりも何かを実際にしている人のほうが、より趣味を楽しんでいると言われるのが一般的です。

その中で、趣味を極めていこうとする人は、各種大会に出場して自分の能力を競っています。

趣味が一流の人は、大会や何か目に見える結果を求めて実践することで、常に自分を磨いているのです。しっかり目標と結果を見据えながら、前向きに取り組む。これが趣味の分野でできている人は、当然ながら仕事の分野でもできています。

つまり、**趣味が一流の人は、仕事も一流なことが多い**のです。

遊びだって、目標を定めておけば結果がしっかりと表れます。結果を出すためにはどうすればいいかと戦略を考え、トレーニングをおこない、自分の趣味に没頭していくことができれば、仕事のやり方も見えてくるでしょう。

また、何かに挑むときには、自分のコンディションを整えることもとても大事です。自分でトレーニングの戦略を考え、結果まで導いていくからこそ、体調を真剣にコントロールしなければなりません。

つまり、趣味といえども、何かの競技に取り組んでいる一流を目指す人は、コンディション管理のため、日常的にストレッチをおこなっている可能性がとても高いのです。それに加えて、趣味の実践からくる疲労を残さないために、身体作りの一環としてのストレッチも欠かしません。

これで、高収入な人ほど身体が柔らかい理由がわかったでしょうか？

①高収入な人は、仕事を順調に進めるために、ビジネスの時間にストレッチをしている可能性が高い

②趣味の分野でも真剣に取り組むために、プライベートでもストレッチをしている可能性が高い

よって、アンケートでは「身体の柔らかさに自信がある」と答えられるのです。

さらに、高収入の人がストレッチを重視する理由として、人間関係の構築や心の健康の維持に役立つという視点も考えられます。

身体が柔らかいと、リラックスした状態で仕事に臨めるので、コミュニケーションがスムーズに進むでしょう。また、ストレッチを通してリフレッシュすることで、日々のストレスや疲労を解消し、明るく前向きな気持ちで過ごすことができます。

このように、高収入の人は、何事にも柔軟性が大事だということをよく知っています。逆に言えば、身体を柔らかくすることは、高収入へつながる道とも言えます。

仕事のためにストレッチをするのは気が向かなくても、自分の趣味に集中するためならできるはず。趣味を追求するためにストレッチを日常に取り入れていけば、仕事もスムーズに行くようになるでしょう。

面倒だなと思ったときは、「これは趣味に役立つ！」と思いながらストレッチしてみるのはどうでしょうか？

安易な残業志向は「地獄への入り口」

ストレッチでコミュニケーションも円滑に

現代社会は、自虐的なグチを言うことが、コミュニケーションになっている節があります。たとえば「今月も残業地獄だよ」「仕事が終わらなくて大変」なんて、不幸自慢する日々におちいってはいないでしょうか？

現代日本の労働環境は、残業が日常的におこなわれることが深刻な問題となっています。残業の背後には多くの原因が隠れており、この状況を単純に「忙しいから」「仕事が多いから」と片づけることはできません。長時間の労働を続けると、確実に身体を壊してしまいます。過労というのは、ストレッチで解決できる範囲を超えているのです。

頻繁に残業が必要になる背景には、仕事のタスクの増加、スタッフ間の連携不足、報連相の不足、人手不足、サポート体制の不足など、多くの要因が絡んでいます。複数の要因を個別に考えても、解決への一歩とは言えません。なぜなら、それぞれの要因が複雑に絡み合って「地獄の入り口」と言える残業の悪循環が生まれているからです。これらは会社ごとに事情がありますから、万能薬はありません。

ただし、どんな会社でもある程度、効き目があると考えられるアイデアがあります。

それは「みんなでストレッチをすること」です。

会社として「ストレッチ」を導入すれば、身体的な問題を解決するストレッチの効果はもちろん、メンタルへの効果も期待できます。

そもそもストレッチは、心と身体のバランスを整えるものです。

最近の研究によれば、ストレッチは脳の活動を活性化させ、集中力や判断力を向上させる効果があることがわかっています。また、ストレッチによってストレスホルモンの分泌が低下し、リラックスした状態を作り出すこともできます。

短い時間で構いません。仕事の中にストレッチを取り入れることで、業務効率の向上を目指してみるのはどうでしょうか？

デスクワーク中心の職場では、長時間同じ姿勢が続くので、身体の緊張や疲れが溜まるのですが、ストレッチによってこの問題を解消することができます。

さらにストレッチは、チーム全体の一体感を高め、場の雰囲気をよくする効果も持っています。

ストレッチという共通の時間を持つことで、コミュニケーションの質やチームの結束力が高まり、業務のスムーズな進行が期待できるようになります。

また、残業地獄を解消するためには、そうなった複数の原因や絡み合った背景を理解する必要があります。まず、周囲の意見やアドバイスを聞いてから、解決方法を提案してみるのはどうでしょうか?

「○○さんは、いまのスケジュールをどう思っていますか?」「こうしたら、ちょっと楽になるかもと思うのですが?」というように「解決したい」という姿勢を示すことが第一歩となるでしょう。

その際には、自分の意見にこだわらず、相手の話を聞く姿勢が大事です。冷静な気持ちで相手の意見を真摯に受け止めるために、ここでもストレッチが大きく役立ちます。

ストレッチをすることで心のバランスを整えておけば、冷静に自分の意見を整理して相手にわかりやすく伝える能力も高まります。

本物の「残業地獄」なんて状況では、頭も身体も疲れていて、冷静な判断ができなくなっている可能性があります。そんな中でも、なんとか悲惨な状況から脱出するために、まずはストレッチをして自分のコンディションを整えていきましょう。

個人でもチームでも、ストレッチを日常的に取り入れることは、仕事の質を高めるだけでなく、人間関係の改善や、健康の維持にもつながります。

職場の生産性や、コミュニケーションの質を向上させるための有益なツールとして、ストレッチを取り入れてみるのはいかがでしょうか?

ちなみに、口のストレッチというものもあるので、ここでご紹介しますね。コミュニケーション力を上げる一助にしていただければ幸いです。

口の
ストレッチ

ストレッチは全人類共通の収入アップ法
野性の本能で胸を伸ばせ！

寝起きの猫を見たことがあるでしょうか？

グーンと身体をそらして「伸び」をするポーズは、写真やイラストなどで見覚えがあると思います。これ、実はストレッチなのです。

猫は寝るのが大好きな生き物です。そして、起きたときはだいたい、深呼吸して身体を伸ばし、寝ている間に硬くなった身体を少しずつ動かし始めます。毛づくろいしているときの猫のポーズも、足を上げたり身体をひねったりと、柔軟体操みたいです。

このように、猫はいきなり動き出さずに準備を万端にしてから活動を始めます。

でも、どうして猫は寝起きにストレッチをするのでしょうか？

それは、猫が本来狩りをする動物であることに由来します。人間に飼われていない猫は、ネズミなどの小動物を捕まえるために狩りをおこなう必要があります。このとき大事なのは、俊敏に動くための柔軟性です。さらに猫は、寝起きにストレッチをしながら、自分の目の届く範囲をつぶさに観察し、聞き耳を立てて状況を把握しています。

猫がストレッチをおこなうことは、視野を広げ、生存戦略を確立するための本能的な行動なのです。

猫を例にお話ししましたが、ほかの野生動物も同じです。狩りに限らず、突然のピンチなどに対応するため、身体を素早く変化させなければなりません。

その準備のために、ストレッチが役立ちます。筋肉を柔軟で適切な状態に保つことは、急激な動きや変化に対応するためのベースとなりますから、動物は定期的にストレッチをしているのです。

そして、狩りの緊張感から解放された後には、しっかりとした休息が必要です。動物は高まった興奮や警戒状態を、休息を通してリセットし、体調のバランスを取り戻します。休息中には、身体のさまざまな機能が回復しますし、特に神経系や筋肉にかかった負担を減らすことができます。

つまり、狩りの後もストレッチをすることで筋肉の緊張がほぐれ、心身がリラックス状態に変わるのです。

動物はそうやって緊張感を取り除き、ついでに次の狩りに向けて身体と精神の調整をおこなっています。

正常な体調に戻し、次なる活動に備えるためにも、ストレッチが効果的なのです。

動物たちのこのような行動は、私たち現代人のビジネスシーンにおいても共通するものです。

ビジネスの世界では迅速《じんそく》な情報収集と、それにもとづく行動が求められます。広い視野で情報をキャッチし、素早く反応するためには、心身の柔軟性が不可欠です。

また、連日の仕事によるストレスや疲労は、私たちのパフォーマンスを低下させてしまいます。適切な休息を取り、ストレッチを取り入れることで心身をリフレッシュすることが、成功の秘訣です。

実際に、多くのビジネスマンや企業がストレッチを日常的に取り入れることで、仕事の効率やパフォーマンスを向上させています。

これは、ストレッチが持つ心身を整えるというメリットが、ビジネスの場でも効果を発揮するからです。

意外と、狩りの本能と現代のビジネスには共通点があるのですね。

「視野を拡大する」
「俊敏に行動する」
「心と身体を整える」

これは、狩りでもビジネスでも同じことです。

昔、人類も狩りをしていたころには、動物と同じように、本能に従って動いていたのでしょう。

現代社会でも、同じように「柔軟性を保つ」ことで本能が使えます。仕事においては常に情報を収集し、新しいアイデアや機会を追求しつつ、一瞬のチャンスを逃さないために心身を最適な状態で維持していく必要があります。

そのための第一歩がストレッチなのです。

ビジネスの成功は収入アップにつながります。つまりストレッチは、私たちにとって収入アップ方法とも言えるのです。ストレッチは、私たちが持つサバイバルな意識、本来持っているポテンシャルを、最大限に引き出すためのカギになるはずです。

ここでは胸を伸ばすストレッチを紹介しましょう。猫になったつもりでグーンと伸ばしてみてください。

胸を伸ばす
ストレッチ

第3章

やる気が出ない？ サプリメントよりストレッチだ

サプリメントにはデメリットも多い
自分の身体は自力でいたわれ

「健康のためにサプリメントを飲んでいる」という方は多いと思います。けれど、私としては、サプリメントよりも先にストレッチに取り組むことをオススメします。

もちろん、日常生活を送っていて足りない栄養素を補充するという点で、サプリメントは悪くありません。けれど、どんなものにもメリットとデメリットがあります。

たとえば、ストレッチは全体的に身体によいものですが「やりすぎ」はデメリットだと言われています。本来3分間のメニューを10分続けたり、まだ伸びると思って身体を無理に伸ばして筋肉を痛めてしまったり、ということも考えられますね。

同じように、サプリメントにもデメリットがあります。

そもそも日本では、実は「サプリメントとは何か」ということが定義されていません。一般的には「栄養補助食品」と呼ばれる中で、健康維持をサポートするためのカプセルや錠剤などがサプリメントとされています。

日本では2割以上の人が、サプリメントを含めた健康食品を日常的に愛用していると言われます。そして健康食品の中でも、サプリメントは手軽に持ち運べていつでも口にできるため、人気の商品です。

ドラッグストアに行くと、ビタミン、ミネラル、アミノ酸などいろいろな種類のサプリメントが売られていますよね。このように手軽に摂取できるので、過剰摂取が起こりやすいのがサプリメントの特徴でもあります。

「サプリメントを全部やめましょう」とは言いません。ただ、**サプリメントを取るときには、潜在的な副作用に気をつけて**ください。

たとえば、カルシウムは骨粗鬆症《こつそしょうしょう》の予防に効果的とされています。けれど、カルシウムを取りすぎると、胆石《たんせき》などの別の健康上の問題が生じる可能性があります。

また、亜鉛の過剰摂取は前立腺がんのリスクを高めるとともに、銅欠乏症を引き起こします。さらに鉄分の過剰摂取は、内臓にダメージを与える可能性があります。

サプリメントは小さいし、薬ではないこともあり、自己判断で多めに飲むのも気軽にできてしまいます。安易に量を増やせてしまうのですが、これが副作用を引き起こすのです。用法・用量を守ることはもちろん「サプリメントを飲んでおけば健康になれる」と考えないことが大切です。

そもそもサプリメントは、基本的に食事だけでは足りない栄養素の補完を目的としています。そのため、食事そのものの代わりにはなりません。サプリで栄養が取れるからといって、食事を抜いたり、かたよった食生活をしたり、バランスを欠いた食生活を続けると、必要な栄養分が見逃されてしまう可能性があります。

サプリメントは、あくまで栄養補助食品だと意識しましょう。バランスのよい食生活と、適度な運動・ストレッチ、これが健康の秘訣です。

もう一つ、なぜサプリメントがオススメできないのか。それは**サプリメントに頼りきると、健康を損なってしまうこともある**からです。

毎日マルチビタミンや鉄分、Q10などの複数のサプリメントを摂取して、自分は健康を維持できていると勘違いしている方もいます。けれど実際には、身体は栄養不足におちいっている可能性があるのです。

サプリメントを飲んでいると、栄養が十分に補給されていると錯覚してしまうのですが、実はサプリメントは一部の栄養素しか取ることができません。

あくまでも、食事の補助として選ぶべきなのです。サプリメントを摂取しているからと安心して、正しい栄養バランスを見失ってしまうと、食事から十分な栄養素を取れなくなっていきます。これでは、健康リスクが拡大します。

何でもサプリで補おうとするのではなく、あくまでも限定的に、正しく摂取していくことが大切です。

そもそも、サプリメントを摂取する目的は「健康になりたいから」だったはず。

サプリメントに頼る前に、まずはストレッチをおこなうべきです。**他力本願ではなく、自分主体で身体を動かしケアすることで、身体に対する自覚が高まり、適切な健康習慣を身につけるサポートになるはずです。**

自分で解決し、立ち向かう力を、ストレッチを通じて身につけていきましょう。

「目のコリ」は必要以上に厄介だ！
目を大事にするストレッチの習得は必須

「なんだか、目のまわりの筋肉が重い」
「メガネをしているのによく見えない」
こんな症状はないでしょうか？

それは、肩こりと同じように〝目がこっている〟ということです。この「目のコリ」、つまり目のまわりや眼球周辺の筋肉に生じる不快感は、誰にでも起こりえます。

「ちょっと違和感があるだけ」と、目のコリを甘く見てはいけません。何も対策をしないと症状はどんどん深刻になっていきます。

目のまわりにも筋肉がある、と意識している人は少ないかもしれません。目のまわりの筋肉は、物を見るときに緊張したりゆるんだりと、意外と使われているのです。ですから、酷使《こくし》すると当然筋肉は疲れてしまいます。

実際、私たちは、現代社会を生きるために、目を想像以上に使っています。昔は「暗い部屋で本を読むと目が悪くなる」「テレビの見すぎはよくない」なんて言われましたが、現在はもうそのレベルを遥かに超えています。

デバイスの小型化が進み、スマホ、ノートパソコン、タブレットなどを、みんなが常に使い続けています。机やベッドまわりを見回してみると、生活の中にデバイスがちりばめられていることに気づくでしょう。

デバイスが小型になり、持ち運べるようになったことで、私たちは常にデバイスを操作してしまいます。それはつまり、目を酷使しているということです。

けれど、もはやデバイスを手放すことはできません。

・スマホでタッチして電車に乗る
・家の鍵をスマホで管理
・ノートパソコンで会社の外で仕事をする
・目覚まし時計代わりにタブレットを使う
・スマホを歩数計機能代わりに使う……

デバイスは、すでに私たちの生活に欠かせない存在となっていて、生活が便利で効率的になってきた一方、デバイスが目の健康に悪影響を及ぼしているのが現実です。

特に注目されるのが、これらの小型デバイスが発するブルーライトの影響です。ブルーライトによる目の疲れは広く知られており、目の網膜《もうまく》にダイレクトに作用するため、長時間画面を見続けることで眼精疲労を引き起こします。

眼精疲労は、目が乾く、物が見えにくい、まぶたが重い、目が赤いといった症状で表れます。これらを放置すると視力の低下など、さまざまな不調につながります。

しかも、ブルーライトの悪影響はこれだけではありません。調査の結果、睡眠にも影響を与えることがわかっています。ブルーライトは、目の中の視床下部に直接影響を与え、メラトニンの分泌を抑制します。メラトニンは眠りを誘導する重要なホルモンであり、十分な量がないと、入眠困難や浅い睡眠を招く可能性があります。

よく眠れないと、疲労が回復せずにストレスが蓄積し、生活全般がうまくいかなくなることも考えられます。それでも、ブルーライトを完全に避けることは難しいのです。

だって、デバイスを使わないわけにはいかないですからね。

目を大事にするためのストレッチも当然あります。長時間パソコンを見た後や、目が疲れたなと思ったタイミングで、ストレッチをして目を労《ねぎら》ってあげてください。

これは、人が多いオフィスでもやりやすいので、普段から身につけたい習慣です。

また目のコリは、肩こりと同時に起こることがあります。

そのため、目のストレッチをするなら、同じタイミングで肩を回すなど、肩もケアしてあげると身体が楽になるはずです。

目のコリを感じたときは放置しないで、こちらで紹介するストレッチに取り組んでみてください。ストレッチをおこないましょう。

目の
ストレッチ

指をほぐせ。「指先のリズム」で仕事力が伸びる

デキる社会人は指のストレッチから生まれる

デスクワークにつきものなのが、肩こり、腰痛、そして腱鞘炎《けんしょうえん》です。特に、キーをたくさん打ち込む仕事をしていると、手首、腕への負担が大きく、腱鞘炎のような症状を引き起こします。そうでなくとも、単調な作業は疲れてしまいますよね。

特に手首が痛くなると大変！　接骨院や病院に行っても、手を休ませてくださいと言われるはずです。これでは仕事にならないので、事前に避けたいところです。

では、手首や腕の痛みを予防する方法は？　オススメは以下の３つです。

①　ストレッチをする
②　負担が少ないマウスやキーボードを使う
③　手首が疲れないマウスパッドを使う

キーボードを打つ作業では指、手首、腕だけでなく肩も疲れます。できれば、肩を大きく回すなど、身体全体をいたわるストレッチをしたいところ。

でも、仕事中に大きくストレッチをするのはなかなか難しいですよね。

そこでオススメなのが、手首や指のストレッチです。これなら、隙間時間にこっそりとリラックスタイムを作ることができます。とにもかくにも、疲れが溜まる前に予防的にストレッチをしておくのがオススメです。

キーボードを打つという単純な仕事でも、自分を高めていくことはできます。

それは、キーを打ちながら「リズムに乗る」こと。**ストレッチで指をほぐして動きがよくなったら、キーボードをリズミカルに叩いてみましょう。**

キーボードのリズム感はとても大事です。なぜなら、タイピングの音には個性が出るからです。一般的なキーボードは低音、Macのキーボードは高音のパチパチとした音を出します。これらの音は、まるでカフェのBGMのような雰囲気を醸《かも》し出します。

カチカチと鳴るキーボードの音は、リズムに乗れば音楽のような響きを作れます。

特に「タタタターン」というような、ピアノを弾いているような心地でタイピングに挑んでみてください。

リズミカルなタイピングのためには手首や指に無理な負担をかけず、自然な感じでキーを打っていきましょう。長時間のタイピングでも疲れにくくなります。

しかも、リズミカルなタイピングは、仕事の速さと正確性をアップさせる秘訣です。正確に高速で文字を打てるようになれば、ミスが減り、仕事がスムーズに進みます。これによって業務の進行が向上し、生産性がアップします。

リズミカルなタイピングが身につくと、単調な作業も単調に感じなくなって集中できるため、ミスが減って業務全体が円滑に進みます。

作業にリズムが生まれることで、モチベーションも向上するでしょう。そうなればストレスも軽減され、心身の健康にもプラスの影響をもたらします。

このスキルを向上させるには、定期的なストレッチが欠かせません。柔軟性を上げて、指の動きをスムーズにし、リズム感を身につけることが大切です。ストレッチを日常に取り入れて、仕事における効率と正確性を向上させていきましょう。

リズムに乗ってキーボードを打つことは、周囲にもよい影響をもたらします。リズミカルなタイピングで書類を作成していると、周囲にはそのテクニックが伝わります。

音は仕事内容に関係ないと思われがちですが、職場で仕事の難易度を説明する機会なんてほとんどありません。しかし、キーボードを打つ音、そしてリズミカルな響きは、何も言わずとも周囲に「仕事ができる！」とアピールできるのです。

実際、カフェなどでキビキビとリズミカルなタイピングを披露している人を見ると、なんとなく「仕事ができそうだなあ」と好印象を持つはずです。

リズムに乗ったタイピングを身につけるために、まずは指のストレッチから始めましょう。こちらで紹介するストレッチに取り組んでみてください。

指の
ストレッチ

目標の第一歩はストレッチから始まる
ストレッチのルーティン化でやる気が持続

「やる気スイッチを入れてガンガン仕事しよう」「やる気さえあればできる」「やる気を出していないのはその人の怠慢《たいまん》」なんて話を聞いたことがあるでしょうか？

いま動いていないのは、やる気スイッチを入れていないから。スイッチさえ入れれば、仕事が進むし、元気になれるという話ですが、私はこれを信じていません。なぜなら、私にはそもそも「やる気スイッチ」がないからです。

やる気スイッチがなくても、ストレッチを始めることも続けることもできますし、仕事だって進みます。

まずは、「やる気」に対する誤解から解いていきましょう。

そもそも「やる気」とは、何かを達成しようとする強い意欲のこと。

たとえば、やる気があれば「勉強を始める」「ずっと勉強を続ける」「集中して勉強をこなす」ことができるようになるはず、ということです。そのように、自分の意識を変えるきっかけが「やる気スイッチ」と言われています。

「やろう！」と決めて、このスイッチを入れられる人もいるでしょう。けれど、私のように「そもそもやろうと思えない」という、スイッチが見つからない人もいます。

やる気は「締め切りがある」などの理性的な意識によって、起こされることもあるでしょう。それでも、スタートを切ることはなかなか難しいものです。夏休みの宿題をギリギリまで始められなくて、新学期に間に合わなかったなんて人もいるはず。締め切りがあっても、やる気を出せない人はいます。

結局、やる気とは感情論です。「何かしなければ！」という焦りが行動を生むというお話なのです。しかし、一方で「何を」「いつまでに」しなければならないかというのは、理論的で理性的な考え方でもあります。

大事なのは「自分のやりたいこと」や「目標」をきちんと把握しておくこと。ゴール地点を決めなければ、スタートを切ることはできません。

「やりたいこと」を叶えるための手段が「行動」です。
さらに、目標に対しての努力を、実際に続けていくことも大切です。

・目標を決める
・目標までの道のりを細かく決める
・持続可能な行動を始める

このように考えていきましょう。**簡単に言うと、大きな目標を一気に達成しようとするから、やる気が出ずに何も始まらないのです。**大きな目標は小さな目標の積み上げと考えて、10段階くらいにステップを分けましょう。

紙に書き出してみるのが効果的です。たとえば、このような例が挙げられます。

●大きな目標……夏休みの宿題を終わらせる
・5教科あるとして、何日間で1教科を終わらせるか決める
・1教科の中で、問題を解く日数、丸つけする日数、間違いを直す日数を決める

・教科ごとに同じ流れを繰り返す

このように小さな目標を決めると「今日の課題が終わった！」という達成感を得ることができます。達成感があれば、翌日も課題に取り組めます。これこそがルーティン化で、持続可能な行動なのです。

小さな課題を作っておけば、やる気がなくても取り組みを始めるためのハードルはとても低くなります。やる気スイッチがなくても大丈夫な理由、伝わったでしょうか？

最後に「楽しさ」も大切な要素です。目標に向かって進む中で自分なりの楽しみを見つけ、毎日少しずつ課題を進めるように心がけましょう。いま特に目標がないなら、目標を決めるまではストレッチの計画を立てて進めてください。ストレッチこそ、小さな目標設定、進捗の管理、楽しさをすべて詰め込める取り組みです。

まずはストレッチで「ルーティン化する力」を身につけて、やる気のスイッチに頼らずに、自分から行動を起こせるメンタルを手に入れましょう。

肩や背筋がガチガチだと損をする
6つのデメリットを「肩を回して」解消

仕事をしていて、ふと「肩がこっている」「背中がこわばっている感じがする」など、自分で不調に気づくことがありますよね。

あるいは「肩が重い気がする」と、マッサージに行って揉んでもらったとき、初めて「こんなにこっていたのか！」と、ビックリした経験がある人もいると思います。

このように、肩と背中のコリは、普通に生活する分には問題ないと考えられがちです。しかし、実は肩と背中の硬さが引き起こす悪影響は、日常生活にひっそりと忍び寄っています。では、どんなデメリットがあるのでしょうか。

デメリット①　動きづらい

肩や背中が硬くなると、手や腕が思ったとおりに動かなくなります。たとえば、まっすぐ挙手してみてください。肩が痛かったり、思っていたほど上がらなかったり、ずっと手を上げ続けることができなくなっている場合があります。ストレッチをしないと、気づかないうちに動きにくい身体になっているのです。この状態で、急に激しい運動をしたり重いものを持ったりすると、身体を痛めてしまう可能性があります。

デメリット②　肩が背中を悪くして、背中が肩を悪くする

もともと肩と背中は密接な関係にあります。肩甲骨の動きがスムーズでなくなると、肩をうまく動かせなくなり、背中にも負担がかかります。この状態が続くと、肩が痛くて背筋を伸ばしにくいとか、逆に背中が痛くて肩が回りにくいとか、相互に悪影響が出ます。肩と背中、どちらかの調子が悪いと、もう片方の症状が悪化しやすいのです。

デメリット③　身体全体に悪影響が出る

肩と背中の不調が身体全体に影響し、どこかでバランスが悪くなっていきます。たとえば、腰や膝、足首にまで負担がかかりやすくなるのです。この状態が長く続くと、慢性的な不調や痛みが表れやすくなってしまいます。

デメリット④　呼吸への悪影響

背中と肩が硬いと、その部分の筋肉が緊張し、胸郭《きょうかく》が圧迫されます。この圧迫によって呼吸が制限されるため、息を深く吸い込むことや十分な酸素を取り入れることが難しくなります。呼吸は当然、身体全体の健康に影響します。よい呼吸はリラックスや集中力アップにつながるので、肩と背中のストレッチは欠かせません。

デメリット⑤　内臓への悪影響

背中と肩が硬いと、筋肉の緊張により、お腹の部分が影響を受け、正常な機能が阻害される可能性があります。胃や腸が、猫背などの悪い姿勢で圧迫され、本来の正しい位置にいられないためです。

これにより、内臓の働きが悪くなり、特に胃や腸の機能に支障が生じます。栄養の吸収や消化などが十分におこなわれず、体力の低下やストレスの蓄積が進みやすくなるわけです。これが続くと、身体全体の健康に悪い影響が出てきます。

デメリット⑥　非言語的コミュニケーションの悪化

実は肩も背中も、コミュニケーションにおいて非常に重要な役割を果たしています。一般的には、言葉だけでコミュニケーションが成立すると思われがちですが、実際には背中と肩が伝える非言語的なメッセージの割合も非常に大きいのです。

「肩を並べる」「肩を寄せる」「肩を持つ」「背中を向ける」「背中を見せる」「背中で語る」など、コミュニケーションに関連する言い回しはたくさんありますよね。「背中を押す」なんて、まさにコミュニケーションそのものです。

つまり、あなたが意識していないときも、肩や背中は自分自身の状態をアピールしているし、自分もほかの人の肩や背中の動きから、非言語コミュニケーションを読み取っています。自分をよりよく見せようと思ったら「姿勢」に気をつかうべきです。

しょんぼりした背中で、肩を落とした生活をしていると、相手によいイメージが伝わりません。そして、ピッとした姿勢は、一時的なら気合いでなんとかなります。

常によい姿勢を保ちたいなら、筋肉の状態に気をつかわなければなりません。柔らかい肩と背中を持つことで、姿勢のよさを維持することができるでしょう。

さて、ここまで6つのデメリットをお伝えしましたが、心当たりがあるでしょうか？

これらすべてを一気に解決するために大切なのが、定期的なストレッチです。

ここでは、肩回しのストレッチをご紹介します。

特に肩と背中は「ガチガチだな」と気づきやすい部位ですから「硬いな」と思ったときがストレッチスタートの合図です！

肩を回す
ストレッチ

第4章

タフになりたい？ジム通いよりストレッチだ

「柔らかい上腕二頭筋」もストレッチで手に入る

なぜ筋力がアップしたのに脆くなったのか？

「筋肉を鍛えていたのにケガをしてしまった」という話を聞いて納得できますか？

あるいは、こういう具体的なケースならどうでしょう？

「筋トレで鍛えていたからダンスの練習も楽勝と思ったけれど、ダンスに必要な瞬発力や柔軟性が足りなくて、無理をしてケガしてしまった」

「マラソンに挑戦したら、最初はよかったけれど、長距離用の筋肉がなくてリタイア。あとから肉離れを起こしていたとわかった」

腕だけ鍛えていてもダンスは上達しませんし、ベンチプレスが得意な人が突然マラソンを始めてもうまくいきません。何事もバランスが大切です。何かを目的に1箇所の筋肉を鍛えていくのは、全身の筋肉のバランスが悪くなってしまいます。

同じ筋肉に強い負荷をかけて毎日トレーニングしていると、筋肉が十分に回復できず、疲労が溜まっていきます。これが続くと筋肉が損傷しやすくなり、炎症が生じやすくなります。負荷をかけて回復するサイクルが筋肉を鍛えていきますが、負荷のかけすぎはよくありません。いくら筋肉を鍛えても、**健康的な身体を目指すなら、バランスよく、ストレッチしながら筋肉を鍛えていくことが重要**です。

また、鍛えた筋肉でも「硬い」のならば、それはあまりよくない状態です。硬い筋肉は関節の可動域を制限し、柔軟な動きが難しくなる可能性があります。過度なストレスや急な動きで骨に不要な負荷をかけ、筋肉痛やケガの原因となることもあります。

さらには、筋肉が硬いだけで血流をさまたげ、筋肉や骨への栄養供給が不足するため、健康を損なうリスクが高まってしまいます。

目指すべきは「柔らかい筋肉」です。柔軟性のある筋肉を手に入れたいなら、ストレッチをして可動域を広げ、血流をよくしていくことが大切です。

もう一つ大事なのが骨の健康です。骨は、主にカルシウムやビタミンDなどによって形成されます。筋肉のために、タンパク質を取ることも大事ですが、骨の健康のためにカルシウムやビタミンDという、骨を強くする栄養素を摂取することも重要です。

骨を強化することは、骨のまわりの筋肉を守ることでもあります。特に、骨密度は重要で、骨密度が低い状態は骨の中身がスカスカになっているということ。つまり、折れやすくなります。加齢によって骨密度は低下していくので、歳を取ってから転ぶと簡単に骨折したり、治りにくかったりするわけです。

そのため、骨密度を意識することはとても大切。健康診断を受けるときに、同時に骨密度を測る検査ができる病院もあるので、気になる方はぜひ調べてみてください。

このように、筋肉のためにも骨を鍛える必要があり、そのためにはバランスのよい食事と、適度な運動が大切です。筋肉も骨も「鍛えるときに負荷をかけすぎてはいけない」という点も同じですね。

骨は全身の健康にも関わってきます。骨には血液の生成に関与したり、ホルモンバランスに影響を与えたりする場所があるため、栄養を十分に取る必要があります。

牛乳や小魚が嫌いという場合には、無味無臭のカルシウムパウダーもありますので、お米に混ぜて炊くだけで手軽にカルシウムを摂取できますよ。

- 1箇所に集中したバランスの悪いトレーニングは控える
- 筋肉と一緒に骨の健康も意識する
- 過剰な負荷をかけるトレーニングを控える
- ストレッチで柔らかい筋肉を作り上げる
- 健康的な食生活を心がける

この5つの方針を意識して、筋肉と骨を一緒に鍛えていきましょう。せっかく身体を鍛えるのですから、ストレッチを通じて柔らかくて強靭《きょうじん》な筋肉を手に入れたいですね。

上腕二頭筋を鍛えている方も多いと思いますが、腕は普段の生活でもよく使う部位なので、自覚のないうちに過剰な負担をかけている可能性があります。こちらで紹介するストレッチでほぐしてあげましょう。

腕の
ストレッチ

ジム通いが続かないのは当たり前?
66日間のストレッチで問題ない

「24時間365日、ジムに通い放題!」

「月何回でも利用可能! 身体を鍛えてダイエット!」

最近は、このようにいつでも利用可能なジムが増えています。駅前にジムができてアクセスしやすく、シャワールームがついていて仕事の合間に行けるなど、とても便利になりました。しかし、それでも「ジム通いが続かない」という方は多いでしょう。

「どうせ通わなくなるから登録しない」「会員になっているけど、しばらく行かないまま会費だけ支払っている」というのは、よくあるお話です。

健康な身体になりたいとか、筋肉をつけたいとか、ダイエットしたいとか、目的はあるし、そうなりたいと思っているのに、ジム通いが続かないのはなぜでしょうか?

それは、ひとえに「習慣になっていないから」と言えます。

つまり、ジムが一念発起してがんばって行くところになってしまっていて「いつも行く場所」「運動は習慣のうち」という意識になっていないことが問題なのです。「インキュベートの法則」をご存じでしょうか。別名「21日間の法則」として知られています。21日継続することで行動が習慣に変わる、という考え方です。

「なるほど、3週間なら」と思ったところで、悪いニュースがあります。研究によると、運動を習慣化するにはもっと時間がかかり、トレーニングを生活の一部として自然に取り入れるには、なんと66日間が必要だという話もあるのです。

66日間、つまり約10週間、2か月と少しです。この間、ずっとジムに通うことができれば、あとは自然と続いていくはず、というお話です。

ジムが24時間いつでも開いているいま、トレーニングは各自でおこなうのが主流です。独りでトレーニングに取り組むというのは、自分自身のペースでチャレンジできるというメリットがありますが、孤独な戦いというデメリットもあります。

知人友人がいない環境での単独でのトレーニングは、やがて楽しさが薄れてきて、ジムから遠ざかる原因になります。

それに、自分でトレーニングプランを立てることは意外と難しいもの。これも、ジム通いが続かない一因です。明確な目標を設定していない人が多いため、筋トレの進捗が見えにくくて達成感を得にくいのです。

また、専門家が常駐していないジムも多く、アドバイスをもらえない環境もやる気を失わせます。たとえば「理想の体型になる」という目標があっても、どれだけ進めているかと客観的に判断するのは難しいですし、努力や経過を褒めてくれる人もいません。

このように、**ジム通いのモチベーションを保つのはとても難しい**のです。

ジム通いが続かないのは、モチベーションの話であり、体力よりも心理的な壁が大きいということはイメージできたでしょうか？

たとえばこれは、寝る前に読書をするという習慣と基本的に変わりません。「イヤイヤやるのではなく、当然するもの」という意識になれば、通うこと自体に気力を使うのではなく、ジムでの運動そのものに集中できます。

運動が習慣に変わるまでには、平均して66日。この期間続けられれば、ジムへ行くことが「しなければならないこと」から「自然におこなうこと」へと変わります。

ここで重要なのが「楽しみ」です。楽しみがあれば、継続は苦ではなくなります。その楽しみの中で、最も手軽で効果的なのが「ストレッチ」です。

ジムでのストレッチは、単なるウォームアップやクールダウンではなく、自分へのご褒美の時間です。始める前にやる気を補充し、トレーニング後に自分を褒め、達成感を味わう時間として、ストレッチする時間を必ず確保してください。

ストレッチは自分一人ではなく、人を誘って一緒にできる運動ですし、お気に入りの音楽を聞きながら始めることもできます。トレーニングに楽しみを見出すために、まずはストレッチが楽しい、という気持ちで自分を盛り上げていきましょう。

66日間という数字は、ジム通いを習慣化するための一時的なゴールに過ぎません。大切なのは過程を楽しむこと。目標をはっきりさせ、必要ならばトレーナーがいるジムに場所を替えつつ、ストレッチを通じてジム通いに新たな楽しみを見つけ、健康的なライフスタイルを維持していきましょう。

トレーニング後はももの裏を伸ばせ
鍛えたから、走ったからOKではない

最近は「筋肉で何でも解決できる」なんて話を聞いたりします。

たしかに、身体を鍛えて筋肉をつけることは自信につながりますし、健康的な習慣です。でも、鍛えることに依存してしまうのはよくありません。

「筋トレしてあいつを見返す」「ランニングでイヤなことを忘れられた」という考え方には、少し危険が潜んでいます。それは、筋トレやランニングへの精神的依存です。

たとえば、走ることを習慣にしていると、イヤなことがあったときや気分が沈んでいるとき、つい走りたくなることがあります。これには注意が必要です。ちょっとしたことで「走らなければ」となってしまい、すべてのストレスを運動で解消しようとすると、心理的にその運動に依存してしまう可能性があるからです。

ストレス解消を運動に頼る状態におちいると、逆に運動不足を感じたときに不安やストレスが増大することがあります。また、気持ちを安定させようと過度な運動をして、身体や精神に負担をかけることもあります。

このように、強迫観念的に「運動で問題を解消しようとする」傾向が強まると、日常生活に支障をきたす可能性があります。さらに、過度な運動で身体を酷使して、精神も消耗させるようになってしまいます。

健康を維持するための運動は重要ですが、適度なバランスを保ちつつ楽しむことが大切なのです。運動に依存することなく、心と身体の調和を大切にしましょう。

運動の効果は人それぞれ。インターネットで見る「運動の成果」という画像や動画を信じすぎてはいけません。いまの時代SNS、特にInstagramの影響は強力です。

多くの人が自分と他人を比べてしまいますし、運動マシーンなどはいまあるものと他社のものを比較してしまいがちです。ダイエットやトレーニングの動画がたくさんアップされ「30日でこんなに変わった!」と投稿されることもあります。

ただし、これらは健康ビジネスの宣伝だったり、自己顕示欲を満たすことが目的の過剰なトレーニング結果だったりすることも多いのです。

真面目な方ほど、ネット上の他人の成果と自分を比べて「私はまだまだだな」「もっとがんばらないと」と、自己評価を低くしてしまうことがあります。他人との比較で、自尊心をムダに傷つけてしまうのです。

走ったり鍛えたりするのも、自分のペースで進むことが大切です。一人だけで運動していると、不安を感じるかもしれませんが、それは他人と比較することだけでは解決しません。SNSの投稿に振り回されないように心に留めておきましょう。

あえてSNSを見ない、同じ運動が趣味の人と交流を断つという選択もアリです。

オーバーワークは、何より避けるべきものなのです。

筋トレやランニングを始めると、かえって太ってしまう人もいます。これも「がんばった」ことによる悪影響の一つ。私も、以前はトレーニングが終わると、ついついジャンクフードを食べてしまっていました。それでも、次の日トレーニングすればだいたいのカロリーは消費されるし、若いころは1キロや2キロの減量なんて楽勝でした。

でも、歳を取ったいまでは問題が浮かび上がります。すでに身体には脂肪がたくさんこびりついてしまっていますし、簡単には痩せられません。

それでもトレーニング後の食事はおいしいので、つい飲み食いしすぎてしまうことがあります。そうすると、満腹感の後に自己嫌悪感が襲ってきます。運動習慣が遠ざかっても食欲は残るので、食事のバランスを崩すだけという悪循環が始まります。

ここで注目すべきは、結局、運動の習慣は、健康を維持する要素の一つにすぎないということです。運動に依存することも、運動後の食生活の乱れも、せっかくの運動習慣を台なしにしてしまいます。

運動への依存や運動後のドカ食いを避けるために、トレーニング後はまずストレッチして心身を落ち着けることが大切です。何事もほどほどに。

それを助けてくれるのがストレッチという「無理しない運動」なのです。

特に走った後などがそうですが、ももの裏は張りやすいので、じっくり伸ばすストレッチはオススメです。こちらにご紹介しておきますね。

もも裏の
ストレッチ

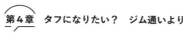

クールダウンが「しなやかな身体」を作る

かかとをゆるめてタフさを養え

ストレッチにはいろいろな効能がありますが、ハードな運動の後のストレッチは特に重要です。

「子どものサッカー練習につき合って疲れた。早く座りたい」

「ジムでしっかり汗を流したし、この後ご飯を食べに行こう！」

このように、運動後にすぐに休んだり、次の行動に移ったりするのは、実は筋肉にやさしくありません。走ったり歩いたり、ボールを扱ったりできる人間の身体は、手入れが必要な高性能マシーンのようなもの。しっかりとしたメンテナンスが必要です。

運動後にその場で動くことをやめてしまうのは、高速道路を走っていた車が急停止するようなものです。

身体にやさしくないのは、なんとなくイメージできますよね。

でも、ゆっくりとストレッチして、身体を徐々にクールダウンさせていけば、身体だけでなく心まで切り替えができていきます。クールダウンを運動の中に取り入れていけば「クールダウンのストレッチが気持ちいい」という状態に持っていけるのです。

運動ルーティンの中に、クールダウンを自然に取り入れられるよう、クールダウンの重要性を意識してほしいと思います。

クールダウンは、アクティブな運動の後でおこなう身体のメンテナンスとして極めて重要です。活動中に活性化した筋肉は、エネルギー代謝の一環として乳酸をはじめとした疲労物質を生成します。これらが蓄積すると疲労感や筋肉のこわばりが生まれます。これを解消し、健康を維持するために、クールダウン時のストレッチが有効です。

クールダウンにおけるストレッチは、筋肉を引き伸ばしながら血液の循環を促進し、疲労物質を効果的に体外に排出する手助けをしてくれます。

筋肉を穏やかにリラックスさせることで緊張を緩和し、疲労や怪我のリスクを減らせますし、筋肉も柔軟性を保ってくれるのです。これにより、運動後の痛みや硬直は緩和され、次のトレーニングや日常生活の中の動きがスムーズになっていきます。

クールダウンをおこなえば、運動中に発生した小さな損傷や筋肉の引っ張りが修復されやすくなります。身体の急激な冷却を避けるために、穏やかなストレッチをおこなうことで筋肉や関節をよい状態に保てるのです。

特に運動後の筋肉の硬直感を和らげるために、ストレッチは役立ちます。運動中、筋肉は激しく収縮や伸長を繰り返し、関節は屈伸や捻転《ねんてん》の動きをしています。そのたびに筋肉は収縮しているので、その反動で硬直感が生まれるのは自然のことです。

運動直後は、筋肉が運動した分、収縮し続けるので、そのまま何もしないと筋肉に硬直感が出てしまいます。それを和らげるためにストレッチが有効なのです。

クールダウンとして、ゆっくりとしたストレッチをすることで、筋肉は長く伸びていきます。これによって、筋肉の収縮がスムーズになり、硬さもだいぶ和らぎます。

このように、クールダウンには、運動後の身体をリラックスさせ、安定させる役割があります。特に激しい運動の後は、ストレッチに取り組むことで全身の筋肉をしっかり伸ばすことができます。これにより、運動中に緊張したり収縮したりした筋肉が、柔軟でリラックスした状態に戻ります。

ほかにも、心拍数を下げることは、身体への負担を軽減するポイントです。運動後のクールダウンによって心拍数が安定すると、心臓にかかる負担が軽減されます。呼吸器や肺の動きも調整され、全体的によい呼吸が整います。

呼吸が整った状態になると、心地よいリラックス効果が生まれます。リラックス状態は身体だけでなく心にも作用し、運動中に緊張してしまった気持ちが和らぐのです。**クールダウンによって、身体と心の両方が穏やかな安定した状態に変わっていき、ストレスの軽減や心拍数の安定につながるわけです。**

こうして、緊張や硬直化を和らげて「しなやかな身体」を作れるのがストレッチの効能です。運動後のクールダウン、ぜひ毎回取り組んでみてください。

激しい運動の後では、かかとが固まっていることが少なくありません。ここで紹介するストレッチでほぐすと、心地よいリラックス効果が生まれるでしょう。

かかとの
ストレッチ

ももストレッチで心を整えよ

身心のバランスが取れた人だけが強くなれる

私たちの身体と心は密接に関係しています。なので、身体のバランス、心のバランスの両方を考えていくと健康的な生活が送れます。

「心のバランスは、メンタルが安定しているってことですよね？」「でも、身体のバランスって何？　姿勢？」と、気になるでしょうか？

身体のバランスというのは、姿勢を含めた筋肉の発達についてのお話です。筋肉の発達がちぐはぐだと、身体のバランスが乱れてしまいます。

でも、それは案外、普通のことです。なぜなら、**ほとんどの人は左右対称に筋肉が発達していない**からです。利き腕、利き足など、生活で必要な動作も影響してくるので、同じ筋肉でも左右対称に発達することはほぼありません。

ただ、不均一についた筋肉に、さらに同じ種類のトレーニングを重ねる場合、バランスを考慮して取り組んだ方がよいというお話です。

「バランスが悪いのが普通なら、それでいいんじゃないの？」

そう思ってしまいがちですが、やはりバランスの悪さは放置すると不健康につながります。

身体のバランスが悪くなると、姿勢の乱れが生じ、全身の骨格に歪みが出てきます。そうなると、頭痛や肩こりや腰痛など、身体のどこかが不調になってしまうのです。

そのため、特定の部位を鍛えるのではなく、全体的なバランスを考えながらトレーニングをおこなうことが重要です。たとえば、猫背や下半身の前傾を防ぎたいなら、背中や下半身もしっかりと鍛えていきましょう。

意識して身体のバランスを保つためには、トレーニングにバラエティを持たせることが重要です。鍛えたい場所とは異なる部位にアプローチしていけば、全体的な筋肉が発達し、左右対称のバランスの取れた身体に近づきます。

一方で、心のバランスについても考えていくことが大切です。

心のバランスが乱れると、メンタルの安定に影響を及ぼすことがあります。日常生活の中でのストレス、過度な疲労、不安、対人関係の問題などがあると、心がバランスを崩してしまうのです。このような状態が長期間続くと、抑うつ症状や不安症状、睡眠障害などが表れ、身体の健康にも悪い影響が出てきます。

身体と心はつながっているので、心身のバランスは大事です。ストレスやメンタルの不調が身体に影響を与え、さまざまな身体的症状を引き起こすことがあります。たとえば、ストレスが原因で筋肉の緊張が増し、頭痛や肩こりが生じたりもします。

また、**心のバランスが崩れると、食事や運動のルーティンが乱れがち**になります。気持ちが整っていないため、仕事に取り組めないということもあるでしょう。心のバランスの乱れは、身体のバランスの乱れにつながります。

ほかにも、生活習慣の乱れは体調不良を招く原因になってしまいます。

適切な休息やリラックスする時間を取り入れ、ストレスを解消していくことは、心身のバランスを保つために非常に重要です。

心のバランスを保つためには、逆に身体のバランスを整える必要も出てきます。よい姿勢でいることは、心のバランスを整えるポイントの一つです。心のバランスが整っていると、メンタルの安定性が高まり、日常のストレスに対処しやすくなります。つまり、**よい姿勢は自信につながり、日々ポジティブな気持ちを保っていける**のです。

特定の部分だけが発達すると、姿勢が乱れやすくなります。よい姿勢を維持するには、背中の筋肉が重要です。逆に、腹筋を過剰に鍛えると腹部が引き締まりすぎて、背中の筋肉が十分に働かず猫背になりがち。これもバランスを考えたトレーニングが必要な例ですね。

筋肉をバランスよく鍛え、姿勢をよくすると心地よい気分になり、自信や活力が湧いてきます。一方で、姿勢が悪いと自信喪失やネガティブな感情を引き起こすことがあります。

心のバランスを整えるために、よい姿勢を保ち、身体のバランスを整えていくことを意識しましょう。

このように、心身のバランスを整えるために、日常生活の中でできることはたくさんあります。

まず、できることはストレッチです。手始めに、ストレッチで筋肉のかたよりをなくしていきましょう。バランスの取れた筋肉を作れば、姿勢がよくなるだけでなく、健康的な生活を送る第一歩となります。

ももは使うことが多い部位ですが、肩や腰に比べて、あまりストレッチが知られていません。結果、立つときや歩くときの姿勢が悪い方も少なくないのです。

ここでは、簡単にできて効果を得られるストレッチをご紹介するので、よろしければご参考にしてください。

もものストレッチ

第5章

疲れを取りたい？
マッサージよりストレッチだ

痛い＝身体によいは幻想だ

癖になった「痛みのある施術」を続けるな

マッサージや整体などは「痛い」とよく聞きます。実際に通っている方は、その痛みを体験されているでしょうし、それが快感になっている方もいるはずです。

ただ「痛いから効いている」という指標を持ってしまうのは要注意です。**「痛い＝身体によい」という認識は、必ずしも正しいわけではありません。**

そのような痛みがある施術は、それが「癖」になったりするリスクがあります。痛みのある治療に依存していないか、一度振り返ってみてください。

実際のところ、バラエティ番組の痛いマッサージという罰ゲームや、痛みのある足つぼマッサージ店での施術のテレビ放送など、エンターテインメントの側面から「痛い＝効く」という誤った印象が広まった面はあります。

さらに、ＳＮＳや動画サイトが普及し、痛みを伴う施術の様子が、より多くの人の目に触れるようになりました。その結果、いまは痛み自体が効果のレベルを示している、と捉えられがちになっています。

けれど「痛い＝身体によい」というと、ちょっとおかしい気がしてきませんか？

そもそも痛みは、身体が異常や負荷を感じているサインであり、それを無視して施術を続けることは、問題を引き起こす可能性があります。

痛みはあくまで症状です。痛い施術を受けただけで安心してしまうと、その背後にある体調不良の根本的な原因を見落としてしまうかもしれません。

しかも、強い施術を続けると身体がその痛みに慣れてしまい、刺激を不十分に感じるようになります。最初の痛みが快感と結びついてしまった結果、より強い刺激を求めるようになり、痛みに対する依存や癖につながるのです。

これを防ぐためには、痛みの原因をしっかりと理解し、適切なストレッチをおこないつつ、身体のメカニズムを知っていくことが大切です。日常的に自分自身でストレッチをおこない、身体の状態に気を配ると、身体の辛さや症状を施術者に正しく伝えることができるので、自分に合ったマッサージを受けることができます。

ストレッチを通じて自己管理していけば、一度のマッサージでその効果を最大限に受けることができるでしょう。

痛い治療を求めるのではなく、健康的な身体を取り戻すためにどうすればいいかという、もともとの目的を思い出してください。痛みが警告信号であることを認識した上で、施術に対するアプローチを見直してみましょう。痛みを感じるかどうかは、身体のどの部分が不調なのかを意識できるポイントです。いろいろな箇所のストレッチをおこなえば、身体のガタガタな部分を見つけることができますね。

ストレッチも、痛みを伴わない範囲でおこなうべきです。「身体の各部分の可動性を高める」「筋肉の緊張を和らげる」ということが本来のストレッチの目的で、痛みを感じるようなら、マッサージに通ってプロに診てもらうのがいいでしょう。

とにかく、ストレッチにも痛みを求めるようになるのが、いちばんマズいことです。**痛みを強く感じることで効果があると信じ込んでしまうと、ストレッチでも同じように、痛くなるまで身体を動かすようになってしまいます。**

それではかえって健康を損ね、時には身体を傷つける原因にもなりかねません。

ストレッチは身体のバランスを整え、柔軟性を向上させるものです。痛くないストレッチ、身体に負担を掛けないストレッチを日常生活に取り入れることによって、身体は自然とバランスのよい状態を保てるようになり、痛みを生じさせるような極端な負荷から解放されます。

さらに、ストレッチや適切な施術を通じて、身体が発するサインを読み取れるようになれば、痛みの原因を特定し、それに対応する適切な手段を選ぶこともできます。「痛いストレッチを避ける」のも大事ですが「痛みを取り除くこと」が本来の目的です。さらに進めば、身体の痛みを取ることは最終目的ではなくなります。

ストレッチの最終目標は、身体全体のバランスを保ち、健康になることです。

痛みに対する誤った考え方を捨てることで、癖になる施術を避けることができます。健康的なライフスタイルを継続するために、身体と心のバランスを取りつつ、自己管理のスキルを高めていきましょう。

試験前には手首を回して握力を保つ

施術で身体が不調になることもある

マッサージや整体は気持ちいいですし、体調もよくなると思って通っている方も多いでしょう。その一方で、口コミなどで悪い話を聞くことはないでしょうか？

「整体に行ったけど、痛みが悪化した」

「毎週通っているけれど、全然治らない」

このように、施術によって不調になるということは実際ありえます。その原因の一つは「痛み」と「コリ」が同時に起こっているからです。

痛みの中には、身体にダメージが出ているから痛い、という場合があります。

単に、肩がこっていて痛いとか、腰が疲れていて痛いとか、そういう場合は整体などで一時的に症状は改善されます。ですが、そもそも身体の内側がケガしたような状態になって痛みが出ていたら、施術で治るはずがありません。

つまり施術をする際、コリだと思っている部分に、実際には炎症があるかもしれないのです。炎症とは、身体が損傷を修復しようとしている兆候があります。そこを無理に引っ張ったり伸ばしたりすることは、逆に炎症を悪化させてしまうかも……。

特に、専門知識のない人が、捻挫《ねんざ》や寝違いなどを直そうとして、その部位を引っ張ったり伸ばしたりすると、非常に危険です。

よく「素人が首を触ってはいけない」という話を聞きますが、無理な施術は炎症を悪化させるだけでなく、さらなる損傷を引き起こす可能性があります。コリや痛みの原因を特定できない場合は、無理に自己流の施術をおこなわないほうがいいでしょう。

どうしても痛みが取れない場合は、病院や整体などの専門家に診てもらってください。「病院に行くまでもない」という軽い不調の場合は、自己流でマッサージなどを始める前に、痛みなのかコリなのかをストレッチで確認しておきましょう。

また、ストレッチをして「いつもより筋肉が硬いな」と思ったら、それは水分不足かもしれません。体内の水分が筋肉や関節に必要十分な量よりも少ないと、筋肉は硬くなります。筋肉にとって水分は、柔軟性やスムーズな動きを保つために重要なものです。

最悪なのが、水分不足＋施術のやりすぎです。極端な施術をおこなうと、本来その部分の筋肉が持っていた弾力性が失われることがあります。さらに水が不足していると、筋肉は十分な柔軟性をキープできず、硬直しやすくなります。そうなると痙攣《けいれん》を起こすリスクが高まり、それが痛みや不快感を引き起こすことがあります。

施術をおこなう際には、水分を取っておくことが大切です。施術によって身体にかかるストレスが、水分不足によってより悪影響を受けることがあるので注意しましょう。

水分をたっぷり取っていても、施術を過度におこなうのはＮＧです。やりすぎると、筋肉が柔らかくなり、だらりと伸びてしまうことが問題になります。

柔軟性が極端に増すと、筋肉組織とその周囲の組織が正しい長さを維持できなくなるのです。その結果、筋肉の弾力性が低下し、力を発揮する際に戻ってくる力が弱くなります。これでは、本来の筋力が発揮しにくくなってしまいます。

たとえば、ゴルフプレーヤーが過度な施術をおこなうと、グリップ力が低下してしまい、スコアが伸びにくくなることがあります。筋肉を伸ばしすぎると、力を戻す弾力が足りず、インパクトの瞬間に握力を発揮するのが難しくなるからです。

過度なマッサージではなく、身体に負担の少ないストレッチがオススメです。目的に応じて、ストレッチを工夫してみてください。日ごろからストレッチに取り組み、自分にとって適度なストレッチの方法や頻度を身につけておきましょう。

スポーツでなくても、たとえば受験の際もストレッチが重要ですが、一日中試験に取り組む場合は握力を保つストレッチを取り入れるのがオススメです。長時間の筆記作業は、手首や指の筋肉に大きな負担をかけるため、筋肉をほぐしていきましょう。

自分の目的や状況に応じて適切なストレッチをおこなうことで、パフォーマンスを最大限に引き出すことが大切です。マッサージなどの施術に依存しすぎないためにも、自分の身体のことを、ストレッチを通じて把握しておきましょう。

試験など筆記時の疲労を軽減するために、ここでは手首のストレッチをご紹介します。手首が疲れている方には特にオススメです。

手首の
ストレッチ

ストレッチが下地にあることで効果が出る
自己流マッサージよりストレッチ＋サプリメント

朝起きると筋肉痛！

久々に運動すると、そんな状態になることもありますよね。

なってしまったものは、もうどうしようもありません。でも実は、事前に筋肉痛にならないためにできることがあったはずです。それが「ストレッチとサプリメントの有効利用」です。

運動後の身体のケアは、ただ休めばいいというわけではありません。適切なストレッチと栄養補給で、身体の回復を劇的に加速させることができます。

では、どうしてストレッチとサプリメントが、身体の回復に役立つのでしょうか？

運動後のストレッチの重要性と、サプリメントの効果的な使い方を理解することで、トレーニングがもっと効果的で楽しいものになるはずです。

激しい運動後は、自分で自分の身体をケアする必要があります。長距離のジョギングやジムでのトレーニングは、筋肉に疲労や微小な損傷をもたらします。これが翌日の筋肉痛やだるさの原因になるのです。

特に、関節を支える筋肉が過度に使われると、緊張し、動きにくくなることがあります。筋肉に微小な断裂が生じるダメージが発生して、このダメージが継続的に蓄積されることで筋肉が動かなくなり、硬直して重くなるといった症状が表れるのです。

そこでストレッチとサプリメントです。ストレッチで緊張した筋肉を和らげ、サプリメントの摂取で筋肉の回復を助けることで、痛みや硬直を軽減できます。

サプリメントに含まれるビタミンB_{12}などの成分は、神経組織の修復や筋肉の回復をサポートします。運動すると筋肉だけではなく、神経組織もダメージを受けることがあり、これらの栄養素をサプリメントで補給することは、運動後の身体を回復させるためにとても重要です。

運動後のストレッチは、身体の回復プロセスに大きく影響します。ストレッチをすると血流が改善され、消化器系の機能が活性化し、栄養素の吸収が進みます。

特にビタミンCやビタミンE、ビタミンKなどの抗酸化ビタミンは、運動による酸化ストレスから身体を守り、炎症を軽減してくれるのでオススメです。

ストレッチによって消化器の働きが高まるので、ビタミンCやビタミンEを効果的に吸収できて、酸化ストレスから身体が守られるという流れです。つまり、ストレッチは身体が酸化するのを防いでくれます。

ストレッチは、これらのビタミンの効果を高めるので、サプリメントの効果を最大限に引き出したい人は、ぜひ取り組んでみましょう。ドラッグストアではマルチビタミンという名前で売られていることが多いので、成分をチェックしてみてください。

もちろん、身体の回復のためにマッサージなどの施術をしてもらう際も、ストレッチには効果があります。

運動後にストレッチをすることで、硬くなっている筋肉をほぐすことができ、血流が改善されます。このように柔らかくなった筋肉は、マッサージの効果を受け取りやすくなり、施術の効果が高まって、ケガなどのリスクも減るのでいいことだらけです。

運動後の適切なストレッチは、次回のトレーニングへの準備にもつながります。

柔軟な筋肉はケガをしにくく、トレーニングの効果を最大限に発揮できるため、ウォームアップ時とクールダウン時のストレッチは、運動のルーティンとして欠かせません。

マッサージを自分にやるのは難しいですが、ストレッチなら簡単です。サプリメントも正しい知識を身につけておけば、いちいち専門家の診断をあおがなくて済みます。

運動後のケアにおいて、ストレッチ、サプリメントの組み合わせは、健康的な身体を保つために大事なアプローチです。このような総合的なケアによって、体内の炎症が軽減され、酸化ストレスから身体を保護する力がアップします。

さらに、適切に身体を動かすことでアンチエイジング効果も期待できるため、長期的な健康と若々しさのサポートにもなるでしょう。

運動をする際には、ぜひストレッチを忘れずにおこない、必要に応じてサプリメントや施術を取り入れて、自分の身体を大切にしていきましょう。

マッサージに頼る前に腰を回すストレッチを！

「自分の疲れは自分で取る」と決めておこう

毎日がんばっているみなさん、仕事でクタクタになって、帰宅してから何もできないなんてことはありませんか？

「仕事から帰ったら、ご飯を食べて寝るだけの生活」

「土日にたくさん寝て、家事をこなしたらもう時間がない」

こんな生活では、身体はもちろん、心も疲弊してしまいます。身体の疲れも心の疲れもどんどん蓄積して、負のスパイラルに巻き込まれている状態ですね。

そこで、いったん立ち止まって考えてほしいのが「まず、疲れを取る」ということ。

「自分で自分の疲れを取る」と意識しておけば、行動が変わります。

疲れを自分で取るためには、何よりもその疲れを自覚すること。

さらに、その疲れにどう向き合うかがポイントです。次に考えるのはこうですね。

「疲れは取りたいけど……でも、疲れているんだから何もできなくて」そうなるのは当然です。だからこそ「疲れを取る」ことを意識して日々を過ごすことが大事なのです。休日に身体を十分休めた次の日からは、仕事で疲れすぎないことを目標にしましょう。

疲れた心と身体にいちばん効果的な癒しをもたらすのは、実はシンプルなストレッチです。仕事で緊張やストレスが高まったときや、集中力が低下しているとき、疲れているときにこそストレッチはあなたを救ってくれます。少しだけ時間を使って身体を伸ばすことで、身体も心も解放され、リフレッシュできるのです。

「疲れたら、早めに疲れを取ろう！」と意識すると、ストレッチするべきタイミングは仕事中になります。

仕事中に感じる疲れの多くは、長時間同じ姿勢でいることから生じます。デスクに向かっていると、背中や肩、首が緊張し、血行が悪くなって疲労感が増していきます。こうした状態を放置していると、長期的な健康問題につながってしまいます。こういうときは、肩や首を回したり、背筋を伸ばしたりするストレッチがオススメです。

身体が硬くなるのはデスクワークに限りません。立ち仕事や外回りの多い営業職、さらには塾講師などの頭脳＋肉体労働や医療関連など、どのような仕事であっても、身体は硬くなります。**職種ごとに特定の筋肉が連続して使われるため、状態に合わせたストレッチが有効です。**

たとえば、立ち仕事では足腰に負担がかかりやすく、長時間同じ姿勢を続けることで下半身に疲労が蓄積します。

こういうときは、腰回りや足のストレッチが特に効果的です。軽い足踏みや腰を回す動作は、下半身の血流を促進して、疲労感を軽減してくれます。

営業職や外回りの多い仕事では、長時間の運転や移動が疲労の原因となります。この場合、肩や背中のストレッチが効果的です。車から降りた際に少し時間を取ってストレッチをおこなうことで、筋肉の緊張を和らげ、リフレッシュすることができます。

また、教育や医療関連の職業では、常に動き回り、頭を使って指示を出し、時には重い物を持つこともあります。こういう仕事の場合、全身のストレッチが重要です。腕を上に伸ばしたり、全身をひねったりするような動作を取り入れることで、身体全体の疲労を和らげることができます。

どのような職種であっても、ストレッチは疲労を和らげ、パフォーマンスを向上させる効果があります。疲れたときにこそ短いストレッチを取り入れることで、こまめに疲労が回復し、生産性を高めることができます。

疲れが溜まる前に、自分で取る。こう意識していけば、家に帰って寝るだけというルーティンから抜け出すことができるはずです。

疲れを自分で取る秘訣は「タイミング」です。ストレッチは気力低下やイライラ、集中力低下、不安感に対して効果的なので、これらのサインが表れたら適切なストレッチをおこなうタイミングだと考えて、逃さないようにしましょう。

タイミングがよくわからないという方は、1時間に1度を目安に、短いストレッチをおこなうといいでしょう。

ほかにも、疲れを感じたときにストレッチに取り組むと決めておけば、リフレッシュできて仕事の効率も向上します。疲れたまま作業を続けると、ミスが生じやすくなりますから、ストレッチするのも仕事のうちです。

疲れを解消するためには、まず疲れ方や身体の不調に素早く気づくことが大切です。

自分が自分を大事にする、という意識でいないと、身体はどんどん疲れていってしまいます。それに、もしかしたら体調不良は疲れではなくて、ケガや病気のせいかもしれません。

そういう微細な変化に気づくためにも、普段から自分の身体に興味を持ち、ストレッチを通じて身体の状態を把握しておくことが大事です。つまり、ストレッチをして疲れをほぐすことは、自分の人生を自分でコントロールするメソッドなのです。

それでは、本項の中でご説明した「腰を回すストレッチ」をご紹介します。ご参考にしてみてください。

腰を回す
ストレッチ

第6章

メンタルが弱い？睡眠薬よりストレッチだ

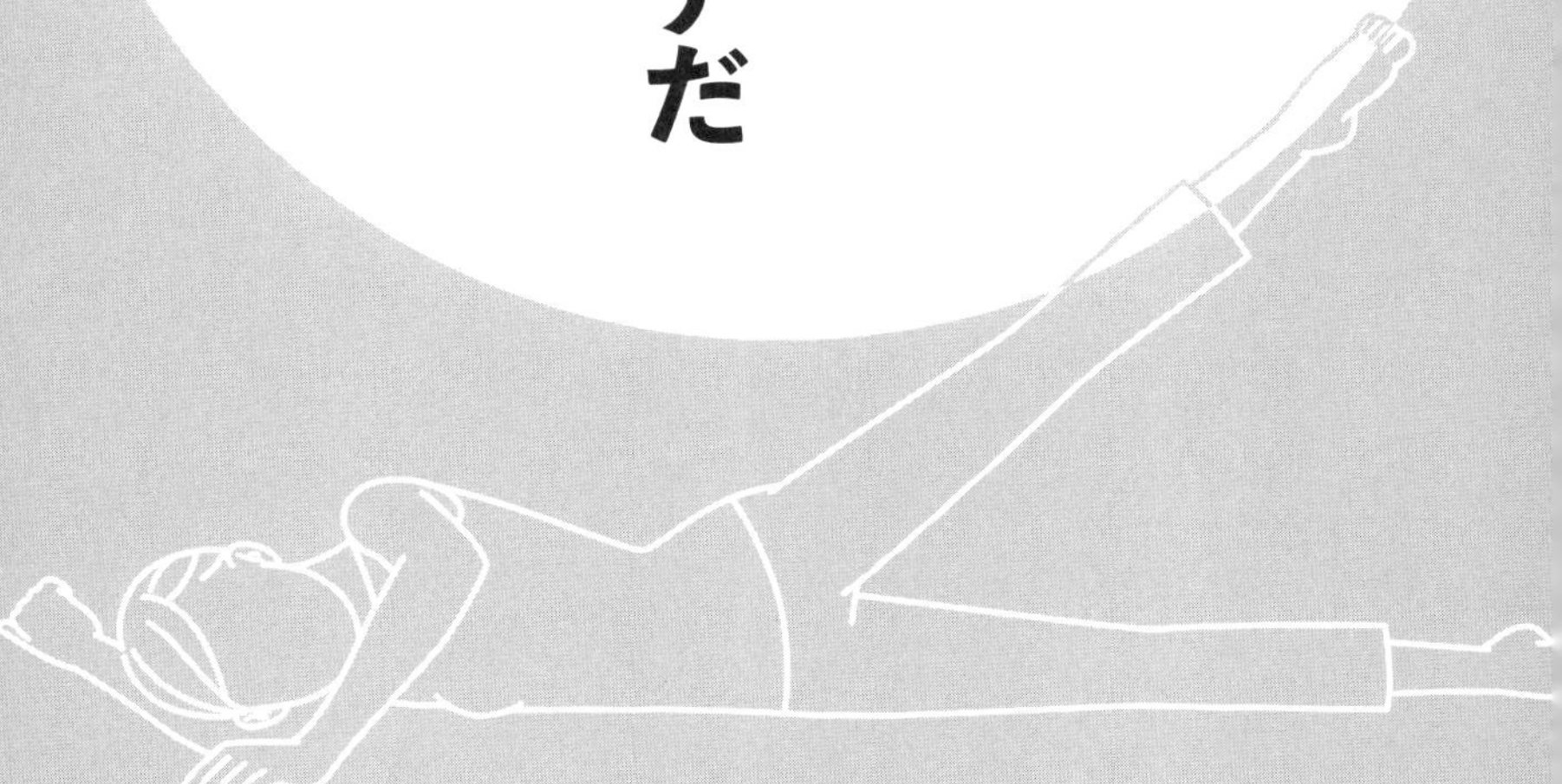

腹式呼吸メインのストレッチをしよう

弱ったメンタルは薬ではなく呼吸で回復する

現代は核家族が増えた上で、さらに一人暮らしの人も増えています。人はコミュニケーションが不足すると、ストレスや不安を感じ、心の不調を引き起こします。孤独に強く、コミュニケーションがなくて大丈夫な人はほとんどいません。

「漠然とした不安があって、毎日眠れない」「一人でいると気が滅入ってくる」「寂しいので、すぐSNSを覗いてしまう」などと、メンタルが弱ってしまうことは誰にでもあることです。

そんなとき「自分は大丈夫！」と思うのは危険ですし、むしろ「自分はメンタルが不調になることがある」と把握している人のほうが、決定的な破綻を避けられます。

孤立感が深まるようになった背景には、社会の変化が影響しています。経済の発展やインターネットの普及により、オンライン上でのつながりは増えました。

でも同時に、現実の社会交流が減りつつあります。ご近所づき合いはなくなり、家族も離れて住むことが増えました。

会社においても、社員旅行がなくなり、飲み会も減ってきています。さらに進んで、トラブルが起きたときや緊急時ですら、オンライン会議や遠隔での一人作業で済ませることが増えてきました。これらは、対面のコミュニケーション不足を引き起こします。

このような社会の流れが、心の健康に悪影響を及ぼして孤立感を深めます。心の不健康は身体の不健康につながっているので、**対面のコミュニケーション不足は健康的な生活を脅かす**ものです。

孤立し、自分一人で誰にも相談できない状態は、想像するだけでもこわいものです。でも、実際にこのような状況におちいっている人はたくさんいますし、結果としてうつ症状を招くリスクを高めています。

しかも「精神的に疲れた」と感じても、施設が少なく、精神科や心療内科の医療にアクセスするのが難しいのが現状です。また「精神科にかかっているなんて人に言えない」という恥ずかしさから受診が遅れることも、うつ病の増加要因になっています。

実際には、精神的な問題が進行してしまうと、単純に生きることさえ難しい状況におちいることもあります。起きられない、食べられない、眠れない……。人間の基本動作が失われる状態、いわゆる自律神経の不調ですね。

自律神経とは、身体の内部の機能を自動的に制御し、安定させるシステムです。この神経は、大きく2つに分かれています。交感神経と副交感神経です。

交感神経はストレスがかかると反応し、心拍数が上がります。副交感神経は、リラックスモードになると反応し、心拍数を下げてくれます。この両方の神経が心拍数を調整して、身体をバランスよく維持しているのです。

どちらかが崩れると、自律神経が乱れ、身体に悪影響を与え、うつ病の原因となります。

ストレスがあるのは仕方がないとして、致命的な事態におちいらないために、ストレッチで自律神経を整えておくことが大切です。

腹式呼吸メインのストレッチは、深くゆっくりとした呼吸を促します。それが副交感神経を活性化し、身体をリラックスモードに切り替えてくれます。

この作用により、心拍数が下がり、血圧が安定し、全身が心地よい安定感に包まれます。特に、腹部や背中の筋肉を使うことで、緊張がほぐれ、身体全体がリラックスできるのです。

しかも、腹式呼吸をするには深い呼吸に集中する必要があります。この意識の集中が、ストレスや不安を軽減し、精神的な孤立感を緩和してくれます。

日常生活やストレスの多い状況で積極的に腹式呼吸を取り入れることが、孤立感を緩和しうつ病予防にもつながります。

「メンタルが不調かな」と思ったとき、すぐに睡眠薬などの薬に頼っていては、体調は回復しません。**病気を自覚したときや、まわりに通院をすすめられたときは、素直にお医者さんに見てもらってほしいのですが、その手前、まだ元気が残っているときにはストレッチが有効です。**

ストレスを溜めすぎないために、生活にストレッチを取り入れて、精神的な強さと安らぎを手に入れましょう。

ストレッチで人を見抜く力を養え
批判しかできない人には近づかない

自分のメンタルを安定させることが、健康管理のコツ。そうなると、常に何かを批判している人、物事に対して不満ばかり言う人には、近づかないほうがいいでしょう。

「あの人は、何を話してもまず否定してくる」「グチばかり聞かされる」などと、何度もイヤな気分にされるのであれば、距離を取ることが賢明です。

でも「たまに批判的な話をする人がいて、まだどういう人柄か判断できない」という場合はどうでしょうか？

ここで、あなたが日々ストレッチを続けてきたことが役に立ちます。**ストレッチをおこなって、身体の機能を把握しておくと、物事に批判的な人に対する洞察力を養うことができるからです。**

まず、相手の身体の動きを観察してみてください。そこから、相手の性格や反応が見極められ、これからもつき合っていくべきか、距離を取るべきかを判断できます。

ストレッチを定期的におこなうことで、人は自身の身体の微妙な動きや、周囲の人々の非言語コミュニケーションに敏感になります。

たとえば、相手が腕を組む動作は、自身を守る防御的な姿勢を示しているかもしれません。つまり、何らかの批判的な思考を持っている可能性があります。

一方、相手がリラックスして座り、手を広げて胸を開くなど、オープンな姿勢を取っている場合、妥当な意見なら受け入れるという意思を示していることが多いです。

また、会話中に頻繁に目をそらす人は、不安や罪悪感を示していることがあるため、その人が何かを隠しているか、不誠実な態度を取っている可能性があります。反対に、目をしっかりと合わせる人は、自信と誠実さを伝えようとしていることが多いです。

ストレッチによって身体の感覚が研ぎ澄まされると、こうした微妙な仕草やジェスチャーも見逃さずに捉えることができるようになります。これによって、相手の真意を見極めたり、コミュニケーションを有利に進めたりすることが可能になります。

このような分析力を身につけておけば、批判的な人や不満がある人と接するときに、ストレスを感じずに済みます。

最初から「この人は私の話を聞く気がない」とわかっていれば、批判されても傷つかないように心の準備ができるので、これは大事なポイントです。

批判に傷つかない。そう自分で心の準備を整えておけば、そこから一歩進んで、批判的な話の中から建設的な意見を見つけ出すこともできるようになります。

社会人になると、そのような対処も求められます。ですから、**非言語コミュニケーションから相手の感情や意図を抽出し、選択するスキルも重要**です。

たとえば、相手の手の動きが大きい場合は興奮している可能性があり、身体が揺れているなら感情的になっているかもしれません。これらのサインを見逃さずに理解することで、より適切なコミュニケーションが可能になります。

相手を見抜けられれば、批判的な人たちの中から建設的な意見を見つけ、改善すべき点に対処することもできるようになります。手の動きや姿勢、表情の変化を観察することで、相手の感情を探ってみましょう。

そのために、日々ストレッチをおこない、自分の身体が普段どのように動いているかに注目しておくと、コミュニケーションに役立ちます。

相手によって「批判ばかりしている人とは距離を置く」「建設的な意見が拾えそうなときはコミュニケーションを取る」と、自分がどうするかを決めることが大事です。

ただ、そういう神経を使ったつき合いを続けていると、疲れてしまいますよね。ですから、ストレス軽減のためにも、ぜひストレッチを始めましょう。**ストレッチは客観的に相手を観察し、自己成長していく手助けになるはずです。**

相手を観察することで人の顔色、仕草、動作についても詳しくなれます。この経験を取り入れれば、自分が取った動作を振り返って「いま緊張しているな」とか「私はこの人が苦手かもしれない」と、自分のことを改めて知ることにもなるでしょう。

難しい人づき合いが必要なときは、ぜひストレッチを有効活用してください。

まずは「時間の確保」ができるスケジュールを
不安や緊張を感じたらウォーキング＆ストレッチで撃退

日々の生活で、不安や緊張を感じることはよくあります。それが過剰になると、ストレスを感じてしまうこともあるでしょう。

不安や緊張は、ポジティブにつき合えれば、努力する原動力にもなりますし、質のよい結果を導くこともあります。たとえば「試験に合格するか不安だから勉強しよう」とか「みんなの前での発表は緊張するから、事前準備をしっかりしてきた」などです。

けれど、ネガティブに働く不安や緊張もありますよ。**「特に原因はないけど、なんとなく不安で眠れない」「人前に出ると、いつも緊張して実力を発揮できない」などのような場合には「不安や緊張を和らげるストレッチ」がオススメです。**

ただし、不安感、緊張する生活が自分の性格や環境に基づいているならば、1回のストレッチで全部解消、というわけにはいきません。

ストレッチを続けて、少しずつ自分を変えていく必要があります。毎日、地道に取り組んでいきましょう。

「ストレッチが本当に役に立つ？」と疑問に思うかもしれませんが、身体を動かすことで心の状態を改善することは可能です。心と身体は密接に結びついているので、まずはストレス解消と思って、取り組んでみてください。不安や緊張を受け止めながら、うまくつき合うという目標があれば、ストレッチは強い味方になってくれます。

不安や緊張の根本的原因を探り、解決していくためには、心をフラットにして整えていかなくてはなりません。**ですから、気持ちが乱れているときにこそ、ストレッチして過ごし、まずはコンディションを整えましょう。**

落ち着いたら、客観的な位置から物事を見るように、気持ちを変えてみてください。自分を上から眺めるような俯瞰《ふかん》する視野を持つことができれば、感情や緊張に左右されずに冷静に状況を把握することができます。

最終的には、なぜ自分が不安なのか、なぜ自分が緊張しているのかという原因がわかり、それらを解消することができますね。

大事な試験の前などに「不安になって勉強が進まない」「緊張して本番で失敗しそう」という状況は、誰でも経験があるでしょう。このような場合は、ストレッチで身体をほぐすと、リラックスできるだけでなく、心をポジティブな方向に持っていけます。試験前など、明らかに原因があって緊張しているときにオススメのストレッチ方法は、「ウォーキングしながらのストレッチ」です。

まず、試験会場の緊張感や雰囲気から離れましょう。少し距離を置くことで気持ちを切り替えられ、新鮮な外の空気を身体に取り入れることができます。試験会場は、自分だけでなく、多くの人が緊張している場所です。そこから離れ、広々した場所で深呼吸することで心拍数が整い、浮き足だった気持ちを冷静に戻すことができます。

深呼吸の後は、ウォーキング&ストレッチを始めましょう。歩いて気分が落ち着いてきたら、ストレッチを加えてください。

数分間これを続けることで、気持ちが整い、客観的な視点が戻ってきます。不安や緊張は主観から生まれるもの。自分を客観視できれば、より冷静かつ的確な判断ができるようになります。

これも、会場の外に出て、自分を見つめ直したからこその効果です。ウォーキングしながらのストレッチは、特に会場の外の空気を感じることが重要だと思ってください。

ウォーキングしながらのストレッチは、不安や緊張を取り払って、自分本来の力を発揮するのに有効です。そのために大事なのは「時間の確保」。あわてて試験会場に飛び込むようでは、リラックスする時間がなくなってしまいます。

試験だけでなく、何か不安や焦り、緊張感を感じる状況にあるときこそ、ストレッチする時間の確保を意識してみてください。

ウォーキングしながらのアウトドアでオススメのストレッチをご紹介するので、心地よい状態を作り出して、自分本来の力を発揮できるようにしていきましょう。

ウォーキング＆
ストレッチ

「なんとなく」に気づけるストレッチとは?

身心のどこが悲鳴をあげているかを突き止める

毎日ストレッチを継続したほうがよい理由はたくさんありますが、その中でも大事なのが「身体の不調に気づける」点です。

たまにではなく、毎日続けることで「今日はなんとなく疲れた」「なんとなく、いつもより身体が硬いな」など、少しの変化を感じ取ることができます。

ただし、この「なんとなく」という感覚は本当に微かな違和感ですし、まあいいかと流してしまいがちなので注意してください。

「なんとなくいつもと違う」と感じたら、それを覚えておくことが大事です。でないと「本当は疲れているのに気づけない」という事態におちいります。

たとえば「整骨院に行って肩を揉んでもらったら、すごく痛かった。肩がバキバキになっていたのに気づかなかった」などという話があります。

逆に、毎日ストレッチして、自分は普段どのくらい腕が回るのか、どのくらい肩が硬いのか、首を回したときにどのくらい痛いのかと把握しておけば、マッサージしてもらうまで身体がカチコチなのに気づかない、なんてことはなくなるはずです。

大事なのは「自分で自分の身体を知っておくこと」。つまり、毎日ストレッチをして、そのとき「なんとなく調子が悪い」と思ったら、それを見逃さないことです。

これに気づかないと、慢性的な疲労感が生まれても、わからないままになってしまいます。疲労感に気づかないと、身体がどんどん疲れて、大きな病気や体調不良の原因になります。**ストレッチをして自分の疲れに気づくと、適切な休息を取ることができます。さらに言えば「身体のどこが不調なのか」に気づければもっといいですよね。**

それでは、ストレッチをしつつ、自分の身体を触ってみてください。

「ちょっと膝の関節が硬い」とか「腰が硬いな」といった感じが、自分の身体を触り続けているとわかります。このとき、指先に感覚を集中させてください。

たとえば、手首を伸ばしたり握ったりするストレッチをしていると、手の甲がいつもよりザラザラしていたら、それに気づくことができます。

指のストレッチをしていたら、ささくれや爪の変色を見つけられるかもしれません。こういう症状が出ていたら、身体に必要な栄養素が不足している可能性があります。特に肌や爪は栄養状態を反映するので、身体からのサインをよく観察してみましょう。

ほかにも、ストレッチをして筋肉や関節の痛みが和らがないことに気づいたら、その奥に内臓の問題が潜んでいる可能性もあります。

ストレッチを通して、身体の表面に表れる痛みの原因と、身体の内部に潜む痛みの原因を見極めることができるので、多面的な視点から体調不良について判断が可能になるのです。

ですから、自分の身体に不調を感じたら、それを無視せずに原因を探っていくことが大切です。そのためにも、ストレッチをして身体に対する感覚を磨いておきましょう。

ストレッチをしていて「なんとなく」体調が悪いことに気づいたら、まずは全身をチェックして、原因となる箇所を探してみることが大切です。

ちょっとここが痛いとか、少し違和感があるとか、そういう箇所を探して、ストレッチを継続しても治らなかった場合、病気や見えないケガの可能性は十分あります。

ただ、それ以外にも、体調不良の原因になりえる要素があります。

それは「心の不調」です。なんとなく、不快で調子が悪いというとき、感情の変化がストレスを生み、それが体調に反映されていることは、実はよくあります。

こういうときは、自分の気持ちの変化に注目します。たとえば、朝だけ調子が悪い場合、その原因として通勤電車が情緒的なストレスになっていることも考えられます。会社に行きたくないと感じることも、ストレスが肉体的な不調につながる一例です。

心の不調が腸の不調を引き起こすこともありますから、原因の見つからない体調不良は、病気や見えないケガだけでなく、心の問題である可能性があります。

このようなストレスも、原因をリサーチし、適切な時間に症状に合ったストレッチを取り入れることで緩和できます。ストレスを軽減するために、心を守り、リフレッシュできる自分に合ったストレッチを見つけることが重要です。

身体や心への負担となる、生活の中のストレスを見つけ出し、その解消を目指して、ストレッチを健康な生活への一歩として取り入れてみてください。

試験前には特にオススメのチョコ&手首ストレッチ

ストレッチをした後は自然とポジティブになっている

「ちょっと一息、ストレッチしてみませんか？」

そう言われて、イヤな気分になる人はそういないと思います。

これは「ストレッチ」という行為や言葉に、多くの人がポジティブなイメージを持っているからでしょう。**まだストレッチの効果を実感していないという人でも、なんとなく「ストレッチはいいもの」と感じているはずです。**

身体がほぐれるのは気持ちいいことですが、それだけではありません。ストレッチが私たちの心と身体にもたらす、意外な効果についても知っておいてください。

「ストレッチをしなきゃ」と思う瞬間は「肩がこっている」「腰が張っている」など、実際に症状が出てきたときですよね。そこで少し肩を回してみると、筋肉や関節が柔らかくなり、血液の流れがよくなっていきます。

ただ、さすがに「いま血流がよくなったな」と、自分で気づくことはできないと思います。でも、ストレッチの後に、なんともいえないリラックス感が生まれてくるのは、実際に身体が変化しているからです。

血流がよくなったことに気づけなくても、気分は自然と明るくなっています。

ほかにも「甘いものを食べると脳にいい」という話は聞いたことがありますよね。特に試験前などには、チョコレートがよくオススメされています。

これは、チョコレートの成分が脳に作用するという話ですが、実は食べる前にストレッチをしておくと、効果がグンとアップします。ストレッチで血液の流れがよくなり、チョコレートを食べた効果がより発揮されて集中力が増すのです。

このように「ストレッチはポジティブな効果がある」というのは、イメージだけではなく、実際に根拠があります。

まず、ストレッチによって、筋肉や関節が柔軟になります。筋肉に覆われた血管は、ストレッチによって伸び縮みし、柔軟性が向上します。そうなると、特に脳に向かう血液の量が増えて、脳に新鮮な酸素や栄養が供給されるようになります。

この血液の増加によって、身体全体が活性化され、気分が明るくなる効果が期待できます。血行がよくなると、脳への酸素供給量も増えていきます。これは、血管が柔軟になり弾力性が増すため、血管を通る血液の量が増加するからです。

酸素は脳細胞の正常な機能に不可欠です。脳に十分な酸素が供給されると、記憶、集中力、判断力などの認知機能が向上します。

ほかにも、神経伝達物質のバランスが改善され、気分が明るくなります。これはストレスの軽減や、不安やうつ状態の改善にも役立ちます。また、酸素が豊富にあることで脳細胞は効率的にエネルギーを生成し、活動的になることができます。

このように、脳が活性化した後でチョコレートを食べたらどうなるでしょうか？甘いものに含まれる糖分は、脳にとって重要なエネルギー源です。具体的には、ブドウ糖といった糖分が脳でエネルギーとして消費されています。

そして**ストレッチは、脳への血行や血液の循環をよくするため、このエネルギー源を効率的に脳へと運べる**ようになります。さらに、ストレッチで脳の機能が向上しているため、ブドウ糖を効率的に分解・吸収できるようになっています。

こうしてストレッチで脳への酸素供給が増え、さらにブドウ糖の分解が促進されることで、集中力が著しく向上するのです。

これが、試験前にオススメできる「ストレッチ」＋「チョコレートを食べる」の合わせ技です。ぜひ次の機会に試してみてください。

ストレッチによい効果があると実感し、信じることができれば、人生を前進させるポジティブな感情が生まれてきます。自分の能力を存分に発揮し、さらなる成長を目指すことができるでしょう。

ストレッチは、ポジティブな気持ちになれるものです。実際にその効果があると信じて、日々の生活に取り入れてほしいです。

前章でも手首のストレッチをご紹介しましたが、ここでは手首を伸ばすストレッチをご紹介します。試験前にも伸ばしておくと楽ですよ。

手首を伸ばす
ストレッチ

第7章

モテたい？
自分磨きよりストレッチだ

タオルストレッチで小さな成功体験を重ねる
だからあなたは「感じない」

「人生が平坦で楽しくない」「特に目標もやる気もない」「趣味になるようなものを始めたけど続かない」などといった悩みはないでしょうか？

毎日、家と仕事の往復で、このままではマズイと思っているのに、何も始められない人は多いでしょう。たとえば、自分磨きでテニスやゴルフなどに挑戦してみようと考える人も意外と多いのですが、なかなか続かないはずです。

「**人生が灰色。いつも無感動な自分は、どうしようもない**」

そのように落ち込む……いや、落ち込む気力すらなくて、人生ってこんなものかとあきらめてしまってはいないでしょうか？

ですが充実した人生や、ポジティブな気持ちをあきらめないでください。

心の奥底に「本当は、明るく楽しい毎日を過ごしたい」「仕事で活躍して、趣味も充実させたい」「恋人を作りたいし、いずれ結婚したい」という気持ちがあるはずです。できないと思ったからあきらめただけで、もしこうなれるのだったらなりたいという気持ちは誰でもあると思います。

それなのに、なぜいま、無感動になってしまっているんでしょうか？

「能力が足りないから？」「社交的じゃないから？」

それ以前に、致命的に足りていないものがあります。それは、生きる力というべきもの。つまり、人生に対する充実感です。いまのあなたは充実していない状態です。だから無気力になっていて、成功も失敗も求めず、無感動になっているのです。

別の言い方をすると、自分が満足していないからこそ、何も感じないのです。喜びを感じるためには悔しさがなくてはなりませんし、成功を目指すには努力を積まなくてはなりません。**何もしていないのは、何かを感じる気持ちを失っているからです。**

このような状況で、一足飛びに「自分磨きを始めよう」なんて欲をかいてはいけません。それでは絶対に続きません。まずは地道に一歩目から。

「自分の体調を整える」「充実感を得られる状態を作る」という基礎を固めていきましょう。「元気に仕事ができる」とか「ご飯を美味しいと感じる」とか、そういう本当に基本的なことから取り組まないと、大きな目標には辿り着けません。

本章のテーマでもありますが、**最初からモテたいという先の目標を目指してはいけない**ということです。何も感じない自分を、少しずつ変えていきましょう。

失敗した自分を不甲斐なく思う→失敗した自分を認められる→失敗しないように行動できる→新しいことに挑戦できる→失敗しても、理由や原因を探って反省できる→成功するまで新しいことに挑戦し続ける→成功する！

具体的には、このような気の長いルートになります。

けれど、このルートの開拓に一度成功したのなら、仕事でもプライベートでも、一気に世界が変わります。多少の失敗を気にせず、その失敗や挑戦を受け入れて、何事にも挑んでいけるようになれれば、あとの人生は挑戦と成功が続いていきます。

ここには「感動」が生まれます。

感動こそが心身ともに成長につながる一因です。地道ですが、小さな感動の積み重ねこそが習慣化されてつながり、物事がうまくいくようになるのです。

ストレッチは、小さな成功体験を積み重ねることに向いています。ストレッチは少しずつ無理なく始められる運動で、仕事の潤滑剤《じゅんかつざい》にもなりますし、健康を維持するのにも、不健康な身体に気づくのにも役立ちます。

「ストレッチで身体が楽になった」「昨日より身体が柔らかくなった」という小さな感動体験が、やがて大きな木に育ちます。自分に自信を持てるようになり、何事も楽しんで取り組めるというポジティブな人生につながるわけです。

自分磨きを始めたいと思ったら、まずはストレッチに取り組んでみましょう。

たとえば、ももの裏に張りを訴える方が多いのですが、タオルを使って簡単に伸ばせるストレッチは効果的です。お風呂上がりなどに試しやすいのでオススメします。

もも裏のタオル
ストレッチ

「鎖骨のストレッチ」でモテろ
硬い身体が彼氏や彼女を遠ざける

異性とコミュニケーションを取りたい、というのは人間の本能的な欲求です。

ただ、アプローチの方法を間違えると、嫌われたり、非難されたりと、いいことはありません。この点は重要です。

ボディランゲージという言葉があるとおり、身体の動きは口ほどにモノを言っているのです。

逆に言えば、**身体の動きを制することこそ、モテへの近道**と言えるでしょう。

料理の腕を磨く、スポーツを始めるといった自分磨きもよいですが、その前に、まず自分自身の身体を適切に動かせるようになることがスタート地点です。

人は、第一印象がすべてと言っても過言ではありません。第一印象が悪かったら、それを覆すには長いつき合いが必要になります。

誰に対してもそうすることはできませんから、**第一印象をよくするのがもっともコスパがいい人づき合いの方法**です。

「身体がガチガチでうまく動けない」

「呼吸が浅くて早口になっている」

これだけで、相当ネガティブな印象を相手は抱きます。

その結果、自然と異性から距離を置かれてしまうという傾向があります。気負っている、リラックスしていない状態を見抜かれるだけでも、あまりよい印象になりません。

要するに、肩や背中がガチガチ、緊張している、早口、背筋が曲がっている、呼吸が浅い……とマイナス要素が積み重なると、第一印象で大損をしてしまいます。

さらに、肩や背中が硬いと呼吸が浅くなるので、声も小さくなりがちです。言葉遣いや発声が不十分で、早口で話したり声が小さかったりと、自分の言いたいことが相手に伝わりにくくなります。この状態が続くと、会話の進行がスムーズでなくなり、コミュニケーションが円滑に取れなくなるはずです。相手からすると、言葉を理解するのが難しく、会話のキャッチボールができないと感じられます。

こうした状態では当然、印象も悪くなりますよね。声が小さい人は会話のテンポが悪いことも多く、それで相手に不快な印象を与えているかもしれません。

結局、**よいコミュニケーションを取るためには、リラックスした状態で適切なペースで話すことと、相手が聞き取りやすい声量を心がけることが重要**です。これによって、お互いが円滑に情報をやり取りでき、ポジティブな印象を与えることができます。

身体が硬いと、動きがぎこちなくなります。ストレッチをして柔らかい身体を手に入ればいいのです。うまく話せなくてモゴモゴして言葉がこぼれてしまうようなら、深呼吸を日ごろから身につけておくことが大事です。これも、身体を動かしていれば自然とできるようになります。

ほかにも、うまくコミュニケーションが取れないという自信のなさから、つい身体を揺らしてしまう経験はあるでしょうか？

こういう動きはぎこちないを通り越し、怪しい印象を与えてしまいます。

正直、こうなると異性からの印象はかなり悪くなり、相手がそう言わなくても、生理的な拒否感を抱かれていることがあります。

だからこそ、姿勢を意識したストレッチが大事です。**体幹を鍛えていけば、自然と不審な揺れ、貧乏揺すりをしてしまうクセも収まっていくはずです。**

こう考えてみると、身体が硬いって損ばかりですね。身体が硬いせいで口調やペースが整わず、姿勢の悪さも相まって相手に不審な印象を与えている可能性があります。

でも、それをストレッチで改善することは十分に可能です。

まずは身体を柔らかくし、柔軟性を高めることで、身体軸をしっかり取り、重心を下半身に持っていきましょう。その上で背中と肩をゆるめていけば、しっかりと相手とコミュニケーションが取れ、モテる身体に近づいていきます。

ここでは鎖骨の筋肉を伸ばすストレッチをご紹介します。首から鎖骨にかけての筋肉を伸ばすのでリラックス効果も高く、大きなジェスチャーも必要としないので試してみてください。

鎖骨のストレッチ

なぜ眼球ストレッチをするとモテるのか?

柔軟な思考は上質なインプットから生まれる

「モテたい」「異性にアプローチしたい」という方が、ストレッチで体幹を鍛え、挙動不審にならない程度の第一印象を与えられる自分になれたら、次に何をすればいいでしょうか?

それは「ちゃんとした会話をする」ということです。人には、自分のことを他人に知ってもらいたいという欲求があります。そうでなくても、何を話せばよいかわからないときには、自分のことを話してしまいがちです。

もちろん、自分を知ってもらうのは大事なことです。けれど、コミュニケーションとは相互の関係です。

ちなみに「**聞き上手はモテる**」という言葉を聞いたことはあるでしょうか?

大概の人は「自分のことを話したい」ため、あえて聞き手に回れば、それだけで結構モテます。ただし、そこでトンチンカンな返答をしてはいけません。相手に共感し、次の話題へつなげていく話術が必要です。

「難しそう……」と思いますよね。実際、難しい話だと思います。お互い同じものに興味を持っているならともかく、自分は相手のことがわからないし、相手も自分のことがわからない、という状態で会話を弾ませるのは至難の業《わざ》です。

ここでモノを言うのは、知識量だったりします。いろんなジャンル、いろんな話題についていけると、会話の幅が広がって、コミュニケーションが円滑になります。

これは異性との話だけではなく、会社の同僚や上司、取引先との関係でも活用できます。手持ちの話題が増えると、柔軟なコミュニケーションを取れるようになるのです。

そのためには話題を増やすべく、情報をインプットしていくことが必要になります。でも、興味がないトピックや時事ニュース、流行などをくまなく見ていくのは大変なことです。ですから**「インプットの質を上げる」ことをオススメしたい**のです。

短い時間で集中してニュースを聞く、興味がないことにもアンテナを張る、こういうことができる柔軟な思考を育てるのに、まずはインプットするための「目」を大事にしていきましょう。

私たちは情報のほとんどを、目を通して得ています。目を大事にして損はありません。そこでまず、デスクを片づけてみましょう。

デスクまわりを整理するとストレッチもしやすくなりますし、思考もスッキリ通るようになります。今後は、デスク上に不要なものがないような状態にしていきましょう。これで柔軟な思考が促され、効率的に作業が進むはずです。


目を大事にすることには、まぶたを閉じて休憩することも含まれます。ストレッチをした後、目を休める時間も一緒に取れるといいですね。


緑は目にやさしい色ですので、身近に植物を置いておくこともオススメできます。緑は、背景やほかの色との違いがクッキリする色なので、疲れにくいのです。ですから、自分のまわりに緑を増やすと、見る環境が快適になり、視認性が向上します。

こうやって目の疲れを軽くすると、その後の情報処理がスムーズに進みます。目を適度に休めつつ、ストレッチを組み合わせることで、目の健康を保ちながら、快適に作業や活動を続けることができます。

目を酷使する現代、眼球を動かす筋肉は疲れています。ここをケアすることは、目や脳の健康によい影響を与え、仕事や学習にもプラスの効果があります。眼球ストレッチをしたり、ホットアイマスクを使ってみたりするのもいいですね。

目のまわりの筋肉がゆるんで柔軟性が増すと、文字の読み取り速度も向上します。

速く読まれた文字情報は脳にインストールされますし、慣れてくると文章を読む際に文字の一語一句に縛られず、文章全体や一文を瞬時に理解できます。これにより、文章理解のスピードアップが期待できます。

このように、目を大事にすることで、圧倒的な情報量が脳にインストールされ、柔軟な思考が生まれ、ビジネスもプライベートもよい方向に進みます。

デスクなど周囲の環境を整えつつ、眼球の筋肉をストレッチ（眼球のストレッチは第10章でご紹介します）で大切にケアしていきましょう。目や脳の働きが改善されると、インプット力が向上して柔軟な思考が手に入り、コミュニケーション能力も向上していきますよ。

腰のサイドのストレッチで短所を長所に
ストレッチはどの魅力も伸ばす

「自分が好きじゃない」というのは、よくある気持ちだと思います。

自分の悪いところを挙げるとキリがない、自分に自信がない、自己肯定感が低い……と考えていると、何かに取り組む意欲がなくなっていきますよね。

けれど、**やる前から「どうせダメなんだ」と思ってしまうのは、とてももったいないこと**です。

こういうとき、まずは考え方を変えることをオススメします。

よく言われることですが「短所は長所」と気持ちを切り替えてみましょう。

そもそも、私たちの日々の生活には、挑戦する機会がたくさんあります。仕事でもプライベートでも、何かに取り組んでいれば、自然とそのレベルは上がっていきます。

けれど、自分には無理だと最初から決めつけていると、成長の機会が得られず、自分のことが好きではないまま終わってしまいます。成功するにせよ失敗するにせよ「挑戦してみようかな」と思えるようになるだけでも、かなり違います。

このような考え方を変えるのに大事なのが「自分はそう悪くない」と短所を認めてあげることです。「短所＝長所」と思っていれば大丈夫です。

つまり、**短所を無理になくすことは、長所を失うことにもなる**わけです。自分を信じられないという人はまず、自分の短所を見つめて、長所に言い換えてみましょう。

・気が短い↓行動力があり、待たずにすぐに動き出せる
・飽きっぽい↓興味関心の幅が広く、いろいろな分野に挑戦できる
・人と話すのが苦手↓人の話を聞く側に回ることができる

このように、ネガティブな印象をポジティブな能力に変えていくことができます。

一般的に、私たちは自分の短所に焦点を当ててどうにか改善しようとしますが、それがベストな選択とは限りません。

もちろん、人に迷惑を掛けるような短所はいけませんが、無理に自分を変えようとしても、うまくいかないことがほとんどです。短所をそのまま長所に変えられないか、まずはそのように柔軟な発想を持ちましょう。

それでも「自分のこの性格はコンプレックスだから変えたい」と思う方もいらっしゃると思います。しかしコンプレックスは、私たちの個性を形成する重要な要素であり、ほかの人とは違う、自分だけの特徴を作りだしているものでもあります。

ですから、**コンプレックスに過度に焦点を当てると、自分本来の魅力を見失ってしまう**可能性があります。無理に克服しようとするよりも、それを個性の一部として受け入れ、自分自身の性質として、大事にしてあげてください。

コンプレックスを克服しようとして、多くの人は完璧主義におちいりがちです。

頭がよくなりたい、仕事ができるようになりたい、センスがよい人になりたい、話が面白い人になりたい、スポーツを華麗にこなしたい、人気者になりたい……これらの希望をすべて叶えられたらよいのですが、実際は全部持っている完璧な人なんて存在しません。

自分ではどうにもならない要素、たとえば容姿やお金や家族の話でも同じことです。「あの人はいろいろ持っている」とうらやましがっても、その人はむしろ「いろいろ持っていること」で悩んでいるかもしれません。

自分は自分であり、いまの自分はそう悪くない、と認めてあげることが、「よりよい自分」になるためのスタート地点です。挑戦し、失敗して、成長していくことで人生に満足感が生まれます。「自分で決めたこと」だから、結末に納得できるのです。

また「失敗したくない」という間違った完璧主義におちいると、新しい挑戦を避け、成長の機会を逃すことになります。コンプレックスと上手につき合いながら、無理に完璧を求めずに少しずつ成長していきましょう。

短所を長所にする柔軟な思考を持つにはストレッチが近道。ここでのストレッチは、単に身体をほぐすだけではなく、心の柔軟性を高め、自分を知るために役立ちます。

ストレッチをしている時間は、心をゆったりと持ち、いまの自分の身体と心を見つめ直す時間でもあります。ストレッチを日常生活に取り入れると、自己認識を深めることができますし、ネガティブをポジティブに変えて、個性を磨いていくことができます。

朝起きたとき、仕事の合間、夜寝る前など、日々の生活の中で取り組んでいきましょう。あなたの魅力が何であれ、ストレッチはどの魅力も伸ばしてくれるものと思って、挑戦してみてください。

普段あまり腰のサイドを意識する方はいないと思いますが、ここは大事な部位です。腰だけではなく、その側面さえもしっかり伸ばしている自分と向き合うことで、ますます自分が磨かれていくでしょう。

腰の側面
ストレッチ

第8章

友だちが少ない？
人間関係よりストレッチだ

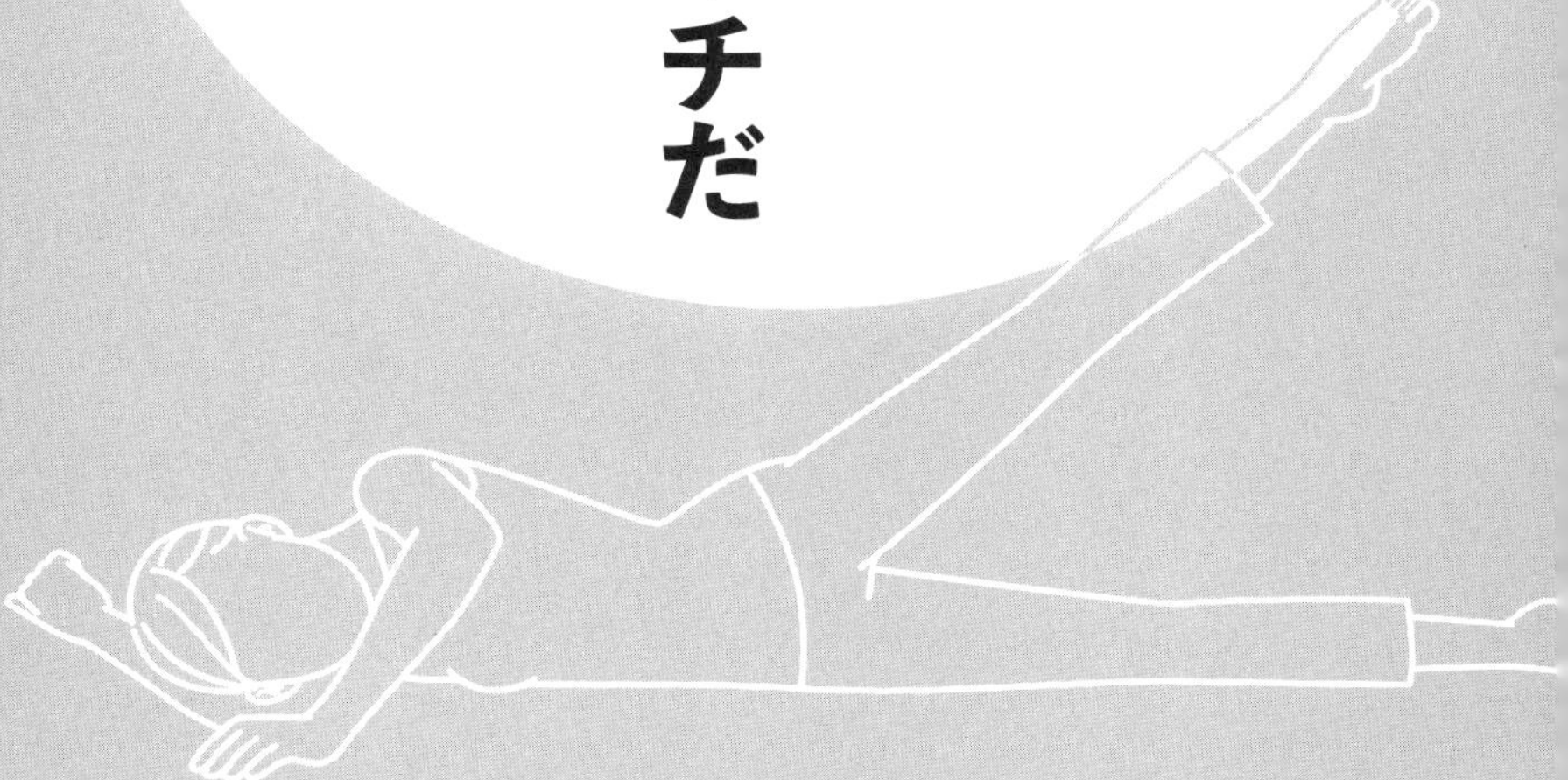

SNSを控えてストレッチで自分を見つめ直す
非リアだから何だ？　孤高力をストレッチで養え

「友だちが少ない」「友だちがいない」という状況の方はいらっしゃるでしょうか？

これは、人には言いにくい深い悩みですよね。

ですが、そもそも、友だちって必要でしょうか？

「充実した人生のためには、リア充でなくてはならない」と思うのは間違いです。

人生の充実度を決めるのはあなた自身です。友だちがいないから人生はつまらない、おしまいだ、なんて思う必要はありません。

成長するにつれ友だちは減って当然です。引っ越しただけでも切れる縁はあります。

「それじゃあ」とネット上の友だちを作っても、それは心の支えになるでしょうか？

本当に友情を続けていきたいのなら、友だちに依存することはナシのはず。突き詰めれば、友だちは依存する対象ではないので、そもそも友だちがいなくてもいいのです。

孤高であること、一人に耐えられること、その精神を身につければ、生きていて不安になることはありませんし、そういう気持ちを持っているからこそ、いずれ友だちができるかもしれません。

なぜ友人がほしいのかと考えたとき、単に「寂しいから」では相手にも迷惑です。毎日ベタベタするのではなく、一瞬の楽しい時間を共有できる人間性が、特に大人の友情には必要です。つまり結局のところ、**友人を作るよりも「孤高力」が大事**なのです。

世の中は楽しそうなものであふれています。

たとえばＳＮＳでは個人やグループが、毎日楽しそうな投稿をしています。そこには「楽しそうに振る舞わなければならない」という圧力も感じられますよね。

なぜなら「ＳＮＳではグチは書かない」のが人気者になるコツだからです。みんな、他人のグチを聞くためにＳＮＳをやっているわけではありません。

多くの人は、自作の宣伝、承認欲求を満たしたい、自分の話を聞いてもらいたいなど、自分のためにＳＮＳをしています。ですから、人の投稿を見て「自分は毎日充実していないなあ」「あの人はいつもキラキラしていて羨ましい」と思う必要はありません。

実際、SNSでアピールしていても、それがリアルを反映しているとは限りません。SNSで誰かがリア充を思わせる投稿をしていたり、ホットなトレンドが流れてきたりしても、それが自分の生活に影響するでしょうか?

ネット上の有名な事件やエピソードも、リアルのまわりの人間は誰も知らない、なんてことはよくあるのです。人生の充実感と、SNS上での充実感は別物です。

ですから、人と比べて悲観的になることはありません。さらに言えば、多くのキラキラした投稿がステマであったりビジネスの勧誘であったりもします。

YouTubeやXやInstagramは、情報収集や暇つぶし程度に思っておけばいいし、トレンドを気にする必要はないのです。

孤独とは他者とのつながりが不足している感覚です。主観的な寂しさや虚無感を感じている状態でストレスが溜まっていきます。

一方で、孤高とは、他者とは異なる独自の存在を意味しています。独自の価値観や信念において、他者と異なる自分を受け入れる状態です。そのため孤高な存在は、創造性や独自性を発揮することができます。

他人が持っているのと同じものをほしがらず、誰かの影響下に入らず、自分自身の心に忠実に生きていきましょう。

そのためには、まずはSNSでほかの人と自分を比較せず、自分自身をブレずに保つことです。このような心理に持っていくためには、ストレッチが役立ちます。**ストレッチをおこなう際に自分を見つめてみましょう。**自分はどんな人間か、いま何を持っていて、何を求めているのか。自分という個を把握することで、目標や自己成長に意識が向いていきます。

そうすれば、他者との比較からくる不安や焦りを回避しやすくなります。特に自分を見つめながらのストレッチは、非リア充であるとか、寂しい、辛いといったネガティブな感情を軽くしてくれます。

SNSに氾濫《はんらん》するキラキラ投稿や楽しそうなリア充動画に疲弊することなく、ストレッチで強靭な精神を養っていきましょう。

ストレッチに始まりストレッチに終わろう

結果を出せば、勝手に人は集まってくる

人は誰でも欲というものを持っています。

「お金がほしい」「有名になりたい」「友だちがほしい」というような欲を否定するのは大変ですし、別に否定しなくてもいいですよね。

ただし、こういう欲を表に出してギラギラしていると、その達成からは遠ざかってしまいます。大事なのは、目的と手段を間違えないことです。

仮に、目的が「お金がほしい」であるとしましょう。ここで一気に「お金」を目指すと、投資詐欺やブラックバイトに引っかかってしまいます。

成功したいなら「実際に成功した人の実体験」に注目すべきです。結果を出している人だから、その人は信頼されるのです。つまり、あなたも結果を出せば、お金や人は自然に集まってきます。

成功者と呼ばれる人はお金や名声、社会的地位を持っています。それらがあるところには、人が自然と吸い寄せられます。誰でも知っている著名人、経営者などは、有名になる前に大きな結果を出したので、それが名声やお金につながったのです。

成功は、目標を設定し積極的な行動を起こすことから始まります。これがファーストステップです。そして力強い行動を続けるためには、常にモチベーションを高く保つ必要があります。これは簡単なことではありません。

ここで、ストレッチが意欲を高める手段として役立ちます。

精神にもプラスの影響を与え、モチベーションの向上が期待されます。やる気を出し、それを保つには柔軟性や新しい要素を取り入れる発想が必要だからです。

成功には、肉体的にも精神的にも、継続的な粘り強さが求められます。それが結果を出す第一歩につながります。目標を決めたら、モチベーションを保ちながら自分のやるべきことに取り組んでいきましょう。

しかし予想できないトラブル、他人からの非難、協力者がいなくなるなど、大きな目標にトラブルはつきものです。これらの克服がセカンドステップです。

100%準備ができていても、トラブルは必ず発生します。そこで必要なのが問題解決能力です。予測できない出来事に冷静に対応できる力。それを養うには、適切なマインドセットが必要です。

そのためにストレッチが役立ちます。**ストレッチでマインドセットを整え、冷静な状態で問題解決に取り組んでいきましょう。**

ビジネスでもプライベートでも、最初に決めた目標に到達したら、成功まであと数歩です。この成功間近の段階で、人づき合いを間違えないことを意識しましょう。これが最後のステップです。

トラブルを解決しつつ、目標に向かって走り続ける姿はその人の生きざまです。感動の人生ストーリーです。そんな魅力的なストーリーに引き寄せられて、いろんな人が集まってきます。ただし、その中にはちょっと知り合いになりたいだけとか、頼りたいだけとかいうよこしまな気持ちの人もいます。

同時に、もっとあなたの目標に貢献したいとか協力したいとかいう人も現れます。つまり、成功すると人が集まり、さらに大きな夢へのステップになるのです。

目標達成して成功、そこでさらに人が集まり、さらに大きな目標へと成功のサイクルができあがります。成功からさらに、その成功を目撃した人たちが集まり、結果を出したら人が集まり続ける循環ができるのです。

ですから、**今後つき合っていくのは、自分にとって甘い言葉をくれる人ではなく、結果を出している有言実行の人になるはず**です。

あなたの成功をねたんだり、取り分をもらおうとしたりする人ではなく、一緒に成功を喜んでくれる人、口だけではない実績のある人とのつき合いを大事にしてください。

ではここで、あなたの「欲」を思い出してみましょう。成功の後は、すでに全部が手に入っていることと思います。ここで天狗にならず、次の目的、目標を決めるために自分を客観的に見る必要があります。

そのために、すでに習慣となっているストレッチにもう一度、まっさらな気持ちで取り組んでみましょう。どんなときでも、自分を見つめ直すのにストレッチは有効です。

結果を出す前にふくらはぎを伸ばせ

入念に柔軟しているアスリートほど結果を出す

前項で「成功」について触れたので、少しその続きの話をしましょう。

成功には、その前の「準備」が欠かせません。ストレッチが果たす役割はいろいろありますが、なかでも準備としてのストレッチは大きな意味を持ちます。

今回はアスリートを例に出しますが、一般的な社会人でも同じことです。**結果を出したいならば、絶対に準備が必要。その準備の基礎としてストレッチがあります。**

まず、アスリートにとってストレッチは、怪我のリスクを管理する側面もありますが、いちばん大きな役割は「ウォームアップ」へつなげることです。

ウォームアップとは、競技を始める前に身体を徐々に慣らすこと。ベストパフォーマンスを発揮するための準備運動ですね。

身体のウォームアップと、心のウォームアップ。

この２つがあると思ってください。

まず身体のウォームアップとして、ストレッチをおこないます。

ゆっくりと身体をほぐすことで心臓と呼吸を活性化させ、血液の循環を促進します。

これにより、体温が上昇し、筋肉や神経が適切に機能する準備が整っていきます。

そして、ウォームアップは精神的な準備にも役立ちます。

ストレッチをする時間は、トレーニングや競技に集中し、プレーの質を向上させるために状態を切り替えるための準備期間になります。


アスリートは試合前にウォームアップをおこないます。

私たちがよく見るのは、たとえば野球ならキャッチボール、サッカーならドリブル・パス練習、ボクシングならシャドーボクシングなどですね。

けれどその前に、選手たちはストレッチをしているはずです。

ウォームアップのための運動はいくつかありますが、その効果の有無は最初におこなう入念なストレッチにかかっているのです。

ちなみに、アスリートは、ウォームアップの内容を、気温や地面の状態に応じて調整していますす。身体を最適な状態にするための準備ですから、状況によってやるべきことは変わってくるわけです。

このように、プロのアスリートは、入念なストレッチをおこない、ウォームアップをより効果的にこなします。試合に向けてベストな身体状態に整えるのです。

彼らは自己ケアに真剣に取り組み、トレーニングや競技の準備においてストレッチを欠かしません。プロとしてレベルを上げれば上げるほど、アスリートは自身の身体に対する理解を深め、結果を出すためにストレッチを積極的に活用しています。

つまり、**結果を出すアスリートは高度な「準備力」がある**と言えます。

これは、普通の社会人にも応用できる話です。

何に取り組むにも、入念な準備、ウォームアップが大事。仕事でもプライベートでも、仕事前の準備で大きな差が出ます。

内勤の方は肩を回す、指を広げる。これだけでキーボードを打つ準備になります。外回りの方はふくらはぎを伸ばす、腰をひねる。これで疲れにくくなるのです。

どんなことでもポジティブな結果を出したいなら、ていねいな準備を心がけましょう。

「まず、ウォームアップにつながるストレッチを！」

仕事や学習を進めるとき、この順番を意識すると結果が変わってきます。それに何かに取り組むときは、計画的に準備するだけでなく、実際にストレッチしてください。ストレッチで身体の準備、心の準備、その両方をきっちり進めていきましょう。「ポジティブな結果を出したいならストレッチ！」なのです。

これまでに肩や指、腰のストレッチはご紹介してきましたが、ふくらはぎは第2の心臓とも言われています。そのふくらはぎに効果的なストレッチをここでご紹介しましょう。

ふくらはぎの
ストレッチ

人間関係の悩みはセラピストでは解決できない

結局は自分次第。だからこそ耳のストレッチだ

仕事でもプライベートでも、人間関係で悩んでいるという方は多いものです。

ただ、人間関係を解決できるのは本人だけです。

本人が意思決定して行動するだけで、結局は本人次第なのです。

友だちに相談することもできるでしょうし、セラピストも支援はできますが、人間関係の根本的な悩みの解決のアクションを起こすのは本人です。

最終的には本人がいちばんの解決策を握っているわけです。

施術に関しても、患者さんが施術に来ないと治療が始まらず、施術後の療養生活も本人次第であり、不調な部分に施術をしても、完治には本人の治癒力が必要です。

そして、その治癒力をサポートするのが施術者でありセラピストです。

身体の不調をどう考えるか、人間関係の問題もどう考えるかは本人次第であり、どうサポートを受けるのかも本人次第です。

人間関係において、友だちやセラピストに頼るのではなく、自分自身で人間関係に悩んで、自分自身を見つめ直していきましょう。人間関係に悩んだら、ストレッチをして身心を整えて、新たに自分自身に問い直してほしいです。

そもそも人間関係というものは、作るものではなくて勝手にできているものです。もちろん、自分で作ることもできますが、結局は作られた中で自分がこうありたい、こう人から見られたいという、自身の願望に起因しているケースが多いものです。「相手からはこう思われたい」というのが人間関係の悩みです。自分の理想でありたい人間関係と現実とのギャップで悩んでいるのです。

しっかり目標を念頭においてストレッチし、自分を見つめ直すと、友人、知人、仕事仲間の本当の存在意義が理解できます。同時に、これらの人々との適正な距離感も自然とわかってくるでしょう。

自分自身に焦点が向いていると、新しい自分の強みが発見できます。

その焦点化こそ成長のきっかけであり、人間関係の悩みの解決の糸口になります。
自己成長している人は、やはり魅力的に見えるので、他人からはいろんな意味でいい評価をされています。注目されるので人が集まってくるし、新しい人間関係を作る際にも期待できます。**ストレッチをして、自己成長を高めて自尊心を養えば、新しい人間関係が構築できるのです。**

ですから人間関係で悩んでいるなら、あまり修復や問題解決に執着せず、まずはしっかり距離を置いて多面的に見直してみてはいかがでしょうか。

ストレッチして新しい人間関係、新しい世界観を築けるでしょう。

人間関係に悩まれている方は感受性が豊かな方が多いです。感覚器官の目や耳をいたわりましょう。目のストレッチはご紹介したので、ここでは耳のストレッチです。

耳の
ストレッチ

第9章

幸せになりたい？
婚活よりストレッチだ

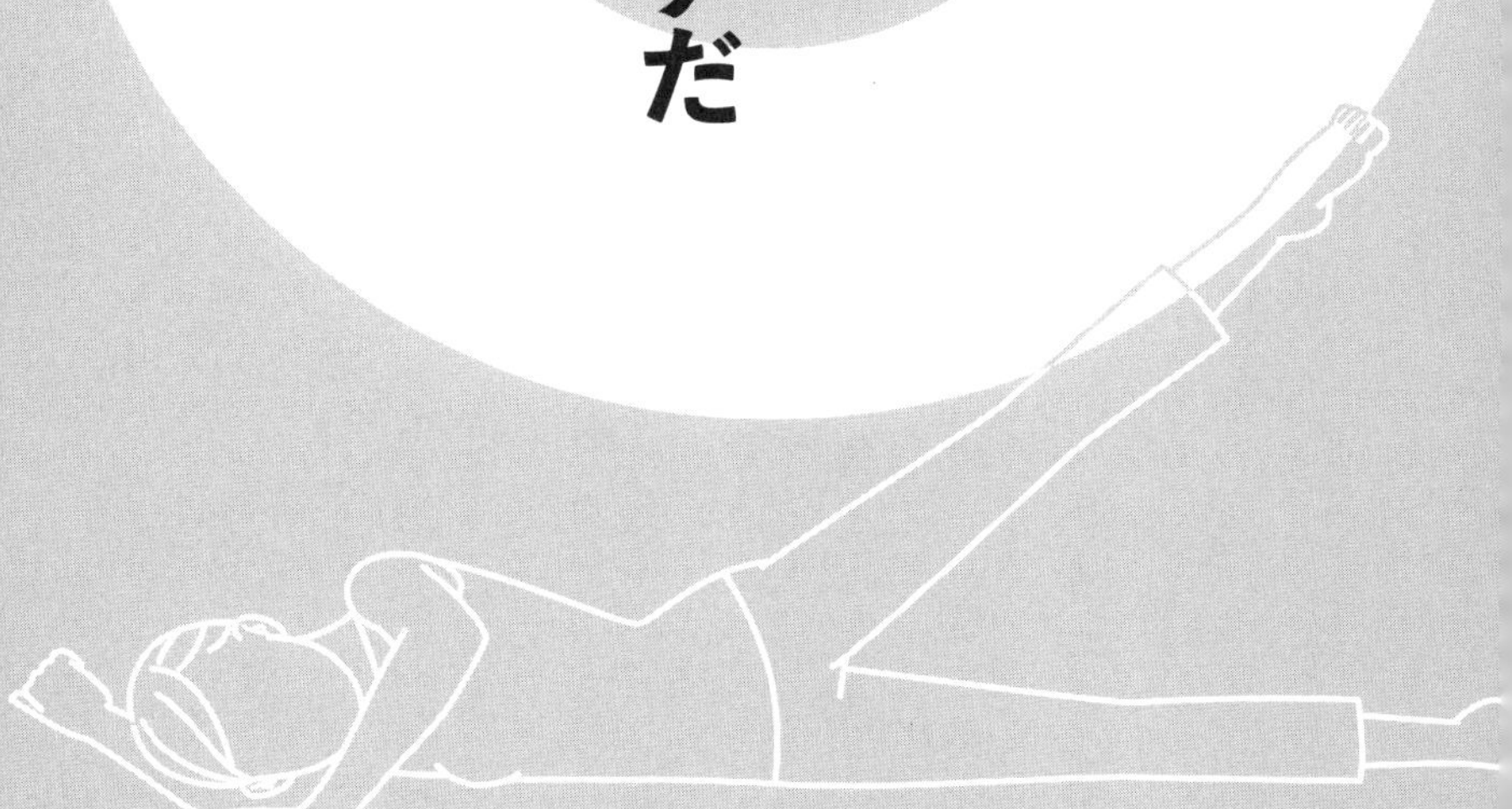

胸をほぐしてストレス耐性を高める

なぜ「婚活するならストレッチだ」と言えるのか？

幸せになりたいのなら、そのための身体づくりが大切です。ストレスに強い身体はストレッチで作られます。

「結婚したい」
「好きな人がいる」
「でもうまくいきそうにない」

そんなときこそ、まずストレッチに取り組みましょう。

ストレッチして筋肉をほぐすことで、身体はリラックス状態に入ります。

この状態では、交感神経から分泌されるストレスホルモンであるコルチゾールの分泌が減少します。

つまり、ストレッチすることで意図的にリラックス状態を作り出し、ストレス解消を目指せるのです。

これで、あなたのストレス耐性は上がっていきます。

ストレッチでストレス耐性をつけることは、失敗や困難に対処するために重要です。

そして、**メンタルの安定こそ、恋愛においてももっとも有効**です。

婚活や恋愛に関しては、自分では分析しきれない複雑な要素が含まれています。リアルな異性とのコミュニケーションは簡単ではありません。


また、異性の心理を理解することは難しく、理解できないままに「そういうもの」と納得するしかない経験は誰にでもあるのではないでしょうか。

そんな中で恋愛や婚活を進めていく方には、ストレス耐性はものすごく役立ちます。

ストレスに強い心と身体を持つことは、大きなアドバンテージです。

「自分のことを話しても理解されなかった」「何か失敗したみたいだけど、どこが悪いかわからない」というときこそストレッチです。

リラックスをして、次の準備を始めましょう。

ストレッチすることで、あなたは新しい恋愛に積極的にチャレンジできるようになります。

そもそも恋愛は挑戦を重ねるプロセスであり、失敗からも多くのことを学んでいけます。婚活を始める方は、まずはストレッチを生活に取り入れましょう。

ここでは、未来を輝かせるための小さな一歩として、胸のストレッチを紹介します。このストレッチにより、筋肉が柔らかくなります。

それは、ストレッチによってコルチゾールのレベルが減少し、ストレスが軽減されるからです。

さらに、姿勢も改善されて、視野が広がります。

私が施術していた30代の女性は、実際このストレッチで結婚に至りました。

交際相手の彼は待つことが苦手なタイプで、どうしても行列に並ばないといけないときなどは、完全に「イライラの塊」になるそうです。怒鳴ったりはしませんが、ちょっとストレスを感じて苦手な部分だったとのこと。

そこで試しに、彼に会う前に胸のストレッチをしてみたところ、すごくリラックスして彼に会うことができました。 彼の「せっかち」な一面も、実はかわいいんだなあと見方を変えることができたそうです。

彼女曰く「思うに、彼のイライラの影響で、私もイライラしてたんですね」とのこと。彼の短所と上手につき合えるようになり、その後はスムーズに結婚が決まりました。

現代人はスマホなどの影響で、巻き肩・猫背になっていますので、ぜひこのストレッチを試してみてください。胸だけではなく丸まった背中にも効果的です。

胸の
ストレッチ

ストレスに強い身体はストレッチで作られる

幸せへの最大の障害をストレッチで突破せよ

幸せになりたいと思ったら、大事なのは身体作りです。「健康はお金では買えない」と言われるとおり、健康でいるあいだは自力で人生どうにかなります。

その上で、健康という大きな資産を維持し、より健康になるためには、身体のメンテナンスが重要です。

健康な身体をさらに鍛えて「本当にタフな身体」を手に入れれば、何に挑戦するにも有利です。就職、出世、独立、婚活など、あらゆる面で役立ちます。

「本当にタフな身体」とは、心身がベストコンディションで、プライベートやビジネスにおいて最大限のパフォーマンスが発揮できる状態を意味します。

このような身体を持つ人は、健康な身体を活かして仕事やプライベートの目標に挑戦し、人生を謳歌《おうか》しています。総合的な健康と精神的な強さが組み合わさると、いまあなたが想像している以上の成果を手に入れることができるでしょう。

さて、当然ですが、いきなりタフな身体を手に入れることはできません。急に「今日から毎日筋トレ2時間！」とか、そういう無茶なやり方では、かえって身体を壊してしまいます。千里の道も一歩からと言いますが、スタート地点はストレッチで柔らかい身体と最低限の体力を手に入れることです。

ストレッチは、小さな成功体験の積み重ねです。毎日ストレッチをすることで、成功体験を得て自信がつき、メンタルが強くなっていきます。

同時に、いままでカチコチだった身体が柔軟性を持つようになり、何事にもスムーズに取り組めるようになります。


ストレッチを通じてストレスに負けないタフなメンタルを手に入れると、フィジカルの面でも、身体が非常に丈夫になります。ストレッチで自律神経を調整できるので、リンパの流れがよくなるからです。また、ストレスは炎症を引き起こす作用がありますが、ストレッチをすると抗炎症作用が発揮され、病気にかかりにくくなります。

特に寒い季節には、ストレッチが重要になってきます。冬は風邪やインフルエンザなどが流行しますが、ストレッチのリラックス効果が自律神経を調整し、免疫システムによい影響を与えるので、病気に強い身体が手に入ります。

一度でも風邪を引くと体力もメンタルも落ち込みます。ストレッチで免疫システムを強化しておくと、生活のクオリティを落とさずに済むのです。

ストレッチによって筋肉や関節が動くと、血液とリンパの流れが強化されます。通常の運動による血液の循環だけでなく、リンパの流れも増加するということです。

リンパは、体内の老廃物や異物を排除する重要な役割を果たしており、その流れが強化されることで、体内の浄化と免疫システムの活性化が期待されます。

具体的には、ストレッチによる筋肉や関節の動きによって、血液が酸素や栄養素を効果的に運搬できるようになり、同時にリンパの流れも促進されるという仕組みです。

リンパは免疫細胞や不要な物質を含む液体であり、その流れがよくなることで体内の免疫システムがより効果的に機能します。この結果、免疫システムは異物や病原体に対して迅速で効果的な対応が可能となり、身体全体の健康が維持されます。

また、ストレッチで柔軟な身体を手に入れることは、ケガの防止にもつながります。

内部からは、抗炎症作用と自律神経の調整で病気になりにくい身体を作り、柔軟になった身体で筋肉を鍛えることで、よりタフな身体に変わっていきます。

ストレッチのメリットは身体の健康だけにとどまりません。ストレッチは心の充足を促し、ストレスの軽減にも大きく関わります。ストレッチによって、身体はリラックスした状態に入り、その結果、心の緊張もほぐれていくからです。

定期的にストレッチをすることで、日常生活のストレスによって緊張した心を穏やかにし、集中力を高めていきましょう。

ストレスが多い現代社会において、タフな身体を作るには、このような心の休息は非常に重要です。リラックスすることで、日々の判断力や問題解決能力が向上し、生活の質が高まっていきます。

最終的にストレッチは、身体的な健康だけでなく心の健康も作り上げ、総合的な幸福感につながります。毎日のストレッチを通じて、健康で幸せなライフスタイルを築いていきましょう。

肘のストレッチで自分の弱点を把握できる?

身体と心を柔らかく! それだけで幸せは近づく

身体が柔らかい人、心が柔らかい人は幸福度が高い、と言ったら信じられますか?

「身体が柔らかいだけで?」と疑問に思う方が多いと思います。

まずは、ストレッチで磨いた柔軟性と幸福度の関係についてお話ししましょう。

「幸福になる」と決めたとき、紐《ひも》解くべきは脳の仕組みです。現金なことを言ってしまえば「幸せを感じているのは脳」であり、脳をコントロールできれば自分を満足させることができます。この仕組みを悪用すると、薬やアルコール漬けになってしまうのですが、よい形で調整できるのなら、わりと幸せというのは手近になるのです。

「幸せホルモン」という言葉を聞いたことがあるでしょうか?

ストレッチすると、セロトニンという幸せホルモンの分泌が促されます。セロトニンには脳の過剰な興奮や不安を抑え、心身をリラックスさせる効果があります。ストレスに対しても効能があり、セロトニンの不足はうつ病の原因ともなりえます。つまり、ストレッチで身体を柔らかく保つことは、直接的に幸せになれる効果があるのです。

もちろん、幸せホルモンを分泌させて幸せな気分に浸るなんて「そういう幸せを求めていない」と思う方もいると思います。でも、ストレッチでセロトニンを分泌していくことは、一時的な幸せではなく、長期的な幸せにもつながっていくのです。

ストレッチをしてみると、自分の身体の強みと弱みを知ることができます。

運動前には必ずストレッチをおこないますよね。ジョギングの前にストレッチをすれば、その日のタイムを少し縮められる可能性が出てきます。テニスを始める前にストレッチで肩や手首を柔らかくすると、より強いサーブを打てるようになったりします。

スポーツに限らずですが、謙虚な気持ちで挑むことで、自分の強みを再確認できて、さらにパフォーマンスが向上します。

このように、ストレッチは自分を見つめ直す効果があります。これは、セロトニンとはまた別の、将来的に幸せになるためのルートと言えるでしょう。

また、自分の弱点を認める謙虚さは、感謝の気持ちを生み出します。謙虚な態度で挑戦する姿勢は、ほかの人から見たら、自身の限界に挑戦している姿に見えているはずです。

そのような謙虚な意気込みは、共感を呼んで、まわりにポジティブな影響を与えます。あなたががんばるだけで周囲の人たちは励まされ、ともに成長できる雰囲気が生み出されていきます。

ストレッチで心に柔軟性を持たせることで、感謝の気持ち、謙虚な姿勢を持てるようになる。これはとても大事なことです。

その先には、一生懸命に働き、やりがいを感じられる生き方が待っています。仕事でもプライベートでも、やっぱり「気持ちいい人生を生きている」と実感することが、幸せを覚える瞬間でしょう。

人は柔軟性を求めてストレッチをします。それは、心も身体もそして人生の意味も感じられるからです。生きている意味を追求できるとき、幸福感というものが生まれると私は考えています。だからこそ私は、生きていくのが辛いと思っている人に「ストレッチしてみてください」と言っています。

自分の弱みを実感するのがストレッチです。弱点があるのは悪いことではありません。そこから目を逸らさないことで、謙虚な姿勢と感謝のつながりが生まれます。感謝の先には生きる意味が広がっています。

幸福感を得たいと思ったとき、ストレッチは短期的にも長期的にも十分効果があります。ぜひストレッチをして謙虚なマインドを養ってください。柔軟な考え方や自由な心が、幸福度を高める一因です。

すでに柔軟な人でもストレッチすれば、その分、幸福度が高まります。幸せになりたいと思ったなら、まずストレッチから始めましょう。

弱点としている部位は人によって違うと思いますが、ここでは肘のストレッチをご紹介します。テニスや野球などで肘を壊してしまった方や、普段から腕を酷使する方にオススメです。

肘の
ストレッチ

家族で楽しく取り組めるストレッチ

家庭円満の秘密はストレッチにある

家族と楽しい時間を過ごしたい。それも幸せの一つですよね。

幸せな家庭とは、笑顔があふれ、会話が絶えない温かな場所。そんな空間を作り出すには、意外にもストレッチが効果的です。

どうしてかというと、**ストレッチは単に身体の柔軟性を高めるだけでなく、心の壁を取り払い、コミュニケーションの道を開く魔法のようなテクニック**だからです。

一緒にストレッチをすることで、家族やパートナーはお互いの新しい一面を見つけることができます。自然と会話が生まれ、笑いながら取り組めるのがストレッチです。柔らかな身体は柔らかな心を作り、家庭の空気も無理なくほぐれていきます。

家族とのコミュニケーションにも順序があります。いきなり「一緒にストレッチをしよう」と言って、つき合ってくれる家族は少ないですよね。もしつき合ってくれても、それはあなたが言い出したから仕方なく、一緒に取り組んでくれただけです。

ストレッチに興味はあると言っても、実際には始めない人がほとんどです。ダイエットしたいとか、肩が痛いとか言いながらも、ダラダラとスマホを見てしまうもの。ですから、突然ストレッチに誘って、家族の雰囲気がよくなることはまずありません。

じゃあ、どうすればいいか。それは「先《ま》ず隗《かい》より始めよ」ということです。

この言葉は中国の故事ですが「**大きな計画を始めるときは、まず手近なところから着手するのがよい**」という意味。つまり、まずはあなたがストレッチを始めるのです。

たとえば、リビングでのんびりストレッチしてみるのもいいですね。

そうすると、家族は「何を始めたの？」と気になってきます。そこで「肩が痛いからストレッチを始めたんだよ」とか「痩せたいから運動してる」とか、そういう返事をしてみてください。

まずは、あなたが普段からストレッチをする様子を見せていきましょう。これだけでも、ストレッチへの興味を育てることができます。日々その様子を見せていれば、必ず「効果あった？」と聞かれます。そのときまで、待ちの姿勢で臨んでください。

自分一人だけでストレッチをしている時期は、リビングで身体を伸ばしながら「今日はどんなことがあった?」なんて話しかけて会話が始まると、家族の絆は自然と深まります。子どもも大人も、身体を動かしながらの会話は心を開きやすくなります。

それに、テレビ画面を見ながらの上の空の会話より、ストレッチをしつつもちゃんと相手を見ながらの会話は、小さくても大切な思い出に変わることでしょう。そんなちょっとした日常の一コマが、家庭をより豊かな色で染め上げてくれます。

ストレッチがあなたの日常になったら、あなたの家族にとってもストレッチは日常になっています。

さらに、家族みんなで健康的になりたいという気持ちがあるなら、コミュニケーションツールとしてのストレッチのみならず、ヘルスケアとしても取り入れたいですよね。

見ている人も、言葉一つでストレッチが楽しくなります。たとえば、手を回すときや天井に向けるときなど、一言ユーモアを交えてみることで楽しい雰囲気を作れます。

「空からお金が降ってくるので手を上げましょう」

「姿勢をよくするために、自分の胸を蛍光灯に当てましょう」

こんなユーモアを動きにプラスすることで、雑談を交えて笑いながらストレッチすることができます。ストレッチは、身体をほぐすだけじゃなくて、絆を深めるスパイスにもなるのです。ストレッチをしながら、家族でのんびり雑談や冗談を言い合う時間は、思い出にもなるし、お互いの理解も深まります。

このように、**一緒に笑い合えるタイミングで「やってみない？」と誘ってみると、自然とストレッチにつき合ってくれる**でしょう。

ユーモアを交えたストレッチは、ただ身体をほぐすだけではなく、ストレス軽減にも効果的。笑いながらのストレッチは、リラックスにつながります。

ストレッチでリラックスできる人は、身体だけでなく考えも柔軟です。ストレッチをうまく使って聞く力を高め、家族とのコミュニケーションを深めていきましょう。

家庭でも、ユーモアを交えたストレッチを導入することで、絆や共感、協力が生まれます。楽しい雰囲気の中で一緒にストレッチができるといいですね！

幸せを生み出すストレッチを！

膝まわりを伸ばして多幸感を増幅させよ

仕事にプライベート、忙しい毎日を送る私たちにとって、心地よい日常を送るために心の健康は必須事項と言ってもいいでしょう。

メンタルを整えるための秘訣はストレッチです。実はストレッチをするだけで、人は幸せな気分になってある程度ストレスを解消でき、メンタルが安定します。

前にも言いましたが、ストレッチで脳をだますことができます。

ストレッチを通じて身体がリラックスし、柔軟性が増すことで、自分自身を「よい」と思えます。「自分はなかなかすごい人間だぞ」「やればこのくらいできるんだ」とポジティブな印象を持てるのです。

実際には何の根拠もなくても、気持ちが変わると行動や態度も変化していきます。

したがって、身体をよい状態に保つことが、心の状態によい影響を与え、普段から幸福感を生み出します。要するに、ストレッチはゼロリスクで、自分の体調や気持ちを整える手段として最適なのです。

具体的な部位としては、肩、膝、腰のストレッチが特に効果を感じやすいでしょう。

これらを柔軟に保つことで、仕事、遊び、あるいは婚活に向けた体力向上や気持ちのリフレッシュが期待できます。

たとえば、歳を取ると身長が低くなるのは、膝が伸びなくなって硬くなるからです。膝まわりが硬いだけで、身長は見た目より5センチ低く見られるとも言われます。

膝まわりを柔らかくして伸ばせば、身長が高く見えます。これはストレッチのメリットの一つですね。

ほかにも、身体を支えている膝、首、肩を複合的にストレッチで引き伸ばすと、さらに身長が数センチ伸びて見えます。

身長が伸びることでさらに膝まわりが柔らかく、目線が高くなり、視野や範囲が広がります。これで、より広い空間から多くの情報をキャッチすることができるでしょう。

脚に柔軟性があれば、モデルのようなウォーキングもできるようになります。コツコツと心地よい音を立てて、姿勢よく歩けるなんて、想像するだけで格好いいですよね。

身体を伸ばす習慣がつき、柔軟性が増せば、所作もなめらかになり美しく見えます。姿勢がよくなり、歩行が美しくなるのです。表情も温かみが増し、身体のコントロールがうまくなれば、握手やお辞儀といった礼儀正しい挨拶が自然と身につきます。

所作がよければ知的で成熟した大人と見られるようになり、自信がつきます。この自信がポジティブな原動力となります。

まずは膝まわりを伸ばしましょう。膝を両手で押さえて回すストレッチはよく知られていますが、あわせてここでご紹介するももを強めに伸ばすストレッチも試してみてください。

ストレッチを通じて、自分自身を能動的かつポジティブに変えていきましょう。

ももを伸ばす
ストレッチ

第10章

人生を変えたい？
ビジネス書よりストレッチだ

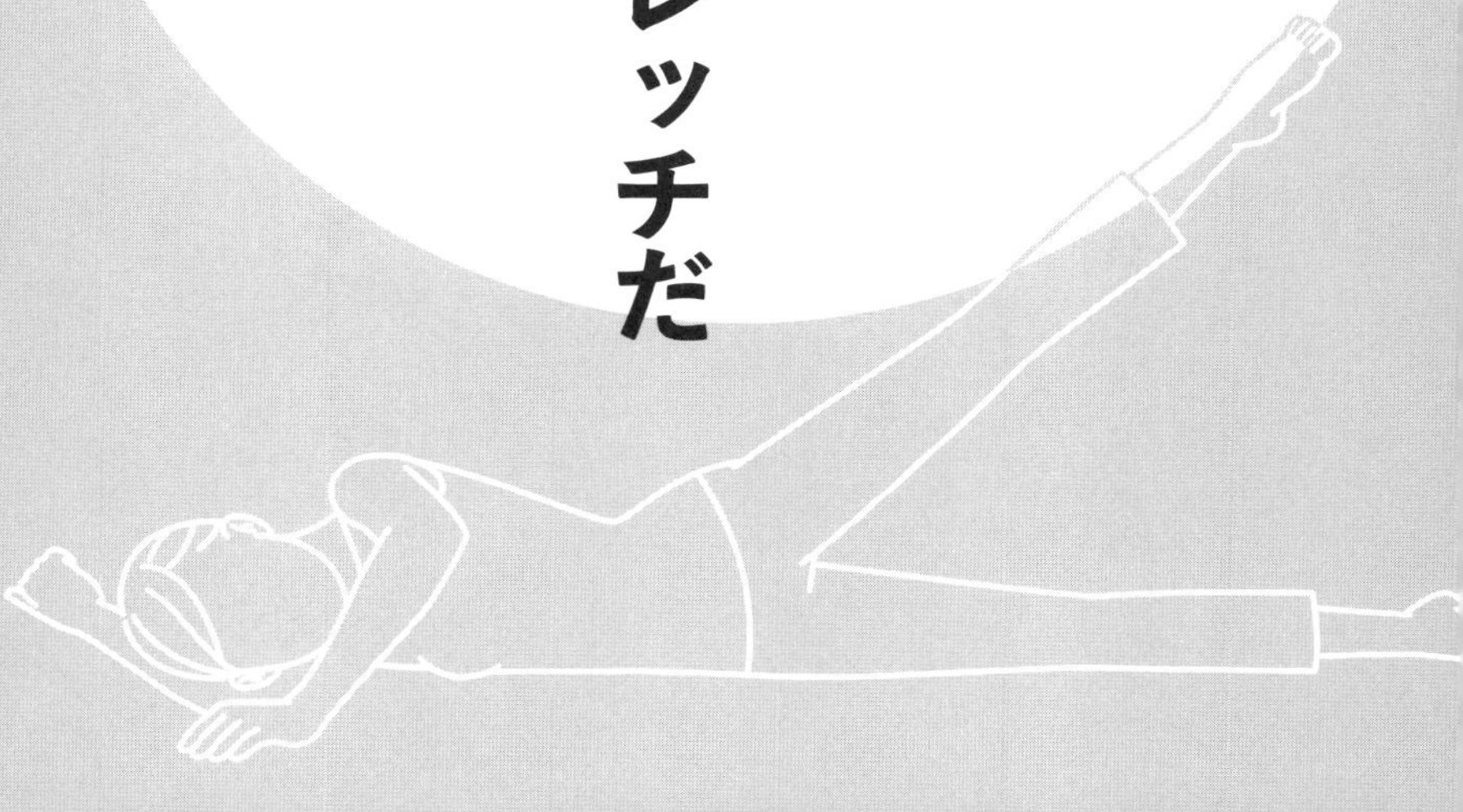

本を読んだくらいで変わるわけない？
アウトプットの第一歩を眼球のストレッチで

自分を変えたいと思ったとき、多くの人がビジネス書にヒントを求めると思います。たしかに、あの手この手の成功法則や自己啓発のアドバイスは、心を躍らせるものがあります。でも、実はあなたの心は、こう疑っていませんか？

「本を読んだくらいで変わるわけがない」

そう思いながらも、ビジネス書や自己啓発書を買って読んだ経験は、わりと多くの人が持っているでしょう。でも、売れた本の数ほど成功している人はいませんよね。

「〇〇億円ためてＦＩＲＥする」「自分に自信を持って独立成功」なんて夢のある言葉が並ぶ魅力的なノウハウ本は、本当にたくさん刊行されています。これらを読者全員が実践できていたら、もう日本は世界最強の経済国として君臨できているはずです。

成功法則はある、と私は考えています。

なにせ、私が話しているのも自己啓発の一種と言われればそうだからです。

でも、成功する人は一握り。なぜ成功法則が広まらないのでしょうか？

それは、本を読んでも、書かれていたことを実践する人が少ないからです。これはもう、圧倒的に少数派です。どれぐらいの割合だか知っていますか？

およそ1％以下。自己啓発本を読んでも、ほとんどの人が実践していないのが現状です。実践しないまま、ほかの同じような本を買って読んでいるのです。

どのビジネス書でも構いません。まず「やってみる」がなかったら、まったく話は進みません。やってみてダメだった、と次の本を読むならよいのですが、やらずに次々と本を取り替えているだけでは、成功はほど遠いのです。

大事なのは「実践」です。読んだことを、実際に生活に取り入れてみる。

知識を行動に移すことが大切なのですがこれが意外と難しい。毎日の忙しさに追われて、なかなか実践に移せない……そんな経験が誰でもあるはずです。

ここで大切なのは、小さな一歩から始めることです。たとえば、ビジネス書で学んだことを、日常の行動に取り入れてみることが、本当の変化への第一歩になります。

要するに本を読むことは「インプット」、実践することは「アウトプット」です。このアウトプットを多くの人は実行できません。

多くの人が実践に踏み出せない背景には、失敗の恐れ、計画の欠如、日々の忙しさなどの理由があり、いくらでも「やらない理由」は浮かんできます。

けれど、こういうときこそ大事なのがアウトプットです。

なにも、夢のためにいきなり起業独立するのが正しい、と言っているわけではありません。**まずは「インプットしたらアウトプットする」という習慣を身につけることから始めましょう。**

アウトプットこそ人生を変えるツール、実践こそ最強の教養です。何かをスタートできない人は、インプットに重点を置きすぎているのです。インプットで1日10分読書するなら、1分読んで9分アウトプットの時間に使ってほしいです。

だからこそ、アウトプットを軸にした読書をしなくてはなりませんが、一方で多くのビジネス書は、アウトプットをするきっかけを教えてくれません。だから、アウトプットは圧倒的に不足しています。

そこでオススメするのがストレッチ。ストレッチも実践であり、アウトプットです。行動したという事実が、大きな計画を進めていく「はずみ」になります。

ビジネス書を読んだものの、いきなりアウトプットできないというときこそ、自分に合ったアウトプットを作っていくためにストレッチをして、ポジティブな状態に自分を持っていきましょう。

仕事で時間がない、家事で時間がないと言いますが、そもそも時間がある人のほうがレアケースです。ストレッチをして、ポジティブな自分を作るという最小限のアウトプットから始めていきましょう。

本を読まれる方は目を酷使しがちなので、ここでは眼球のストレッチをご紹介します。いま、この本を読みながら試してみるのはピッタリのストレッチでしょう。

眼球の
ストレッチ

ゼロリスクの指ストレッチで自分が変わる

失敗が怖い？　ストレッチに失敗の文字はない

何かを始めたいと思ったとき、失敗を恐れるのは自然な感情です。

ですが、失敗を怖がっているだけでは現状は変わりません。

昨今の世の中の変化は劇的で、現状維持では徐々に状況が悪くなっていくことはよくあります。変化に対応することくらいは始めなければ、失敗するより悪い結果になってしまうでしょう。

失敗したということは、挑戦したということ。挑戦した経験は、必ず自分の糧になっていきます。何もしないくらいなら、何かをしたほうがいいのです。

「でも、失敗したら落ち込むし……」「失敗は恥ずかしいので、できれば避けたい」という気持ちは誰にでもあるはずです。たしかに失敗はイヤですし、怖いです。

ですが、本当の失敗とは何でしょうか？

本当の失敗とは、何もしないことではなく、失敗したときに感じた後悔をズルズル引きずることです。「あのとき、もっと違う方法にすればよかった」「能力が足りなかったのに挑戦してしまった」など、失敗した記憶にまつわる後悔がたくさんあるでしょう。けれど、これらの後悔をしっかりと受け入れれば、成長につながります。

しかし、**失敗した後悔をズルズル引きずって、次に挑戦しない言い訳にするのなら、それこそ「本当の失敗」**です。いまの状態に執着し続けることは、成長の機会の喪失と言えます。後悔し続けている時間ほどムダなものはありません。

後悔の念を引きずっていると、日々の生活の充実感も薄れていきます。「こんなはずじゃなかった」というネガティブな思考におちいり、自分の望む人生から遠ざかる負の循環が形成されていくのです。

人生には、挑戦しない、挑戦できない時期もあるでしょう。でも、そのときの気持ちが後悔にまみれていたら、それだけで損をしています。ダメだったならダメだったと、すっぱりあきらめる。

このような「本当の失敗」からどうやって脱出したらいいのでしょうか？

その答えの一つが「ストレッチ」です。身体を伸ばすシンプルな動作が人生を変えていきます。ストレッチをすることで、心も身体もリラックスし、新しい視点で物事を見ることができるようになります。ストレッチは「本当の失敗」から、あなたを救い出してくれる魔法のテクニックなのです。

なぜなら、**ストレッチはゼロリスクの挑戦**だからです。ストレッチはそもそも、失敗しません。ストレッチをしなくて後悔することはあっても、ストレッチをして後悔することはありません。だから、怖がらず挑戦することができます。

しかも、ストレッチは場所をほぼ選ばないし、お金も時間もほとんどかかりません。リスクなしで手軽に取り組むことができます。ストレッチは単なる身体の柔軟性向上だけでなく、心身を整えてくれます。ストレス解消にもなります。

そして身体が少し楽になったとき、あなたは「ストレッチを成功させた」という小さな成功体験を積んでいます。次の日もストレッチをしたら「連続で挑戦できた」という成功がそこに重なります。いきなり何か大きなことを始めるのは心のパワーがいりますが、ストレッチなら思いついたときに始めて、すぐに成功します。

やるのを忘れたなら、思い出したときに、その場で始めればいい。それだけで取り返せます。まさにゼロリスクで、よいことずくめなのがストレッチです。

人生を変えるためには、まず心身を整えることから。ストレッチはその強力なツールです。毎日のストレッチを通じて心をリラックスさせ、前向きな姿勢を育てましょう。それは挫折や失敗を乗り越える強さをサポートしてくれます。失敗は成長の機会であるというポジティブな考え方が身につき、何ごとにも前向きな姿勢を作ります。

本当の失敗を避けるために、ゼロリスクのストレッチから始めてみませんか？

ここでは、指を伸ばすストレッチをご紹介します。簡単にできて場所も選びません。

こうした小さなステップを積み重ねていくことが大切なのです。

指を伸ばす
ストレッチ

最強の「中途半端さ」をストレッチで身につけろ
「大きな決意」が足を引っ張る

私は、何においても完璧主義はオススメしていません。完璧に、きっちりやれたら気持ちいいし達成感はあるでしょうが、完璧にやるためのコストやストレスを考えると、かなり効率が悪いと言えます。

特に、何かに挑戦するとき、完璧主義で進めると、むしろ失敗が近づきます。「完璧に毎日がんばるぞ！」という大きな決意が目標達成の邪魔になる可能性があるのです。**完璧を求めること自体は悪いことではありません。問題は、その「過度の完璧さ」を追求する姿勢です。**目標に対して理想的な結果を求めすぎると、進捗や達成に対するプレッシャーが増し、それがストレスや不安の原因となります。

完璧を目指していると、ちゃんと目標まで進んでいるのに「もっとできたはずだ」「これで本当によかったのか」と後悔が生まれます。

これだけやったのだから、もっと成果があってほしい、もっと充実感があるはずだという厶ダな思い込みが生まれます。結果に満足できず、自己不信におちいることもあります。やる気に満ちた「大きな決意」が足かせになるわけです。

大きな目標に挑戦することは素晴らしいこと。それを、心と身体が健康なまま、どのように達成するか、というのが挑戦するときのポイントです。

目標を定め、その目標まで何をすべきか決めたら、その取り組みは「中途半端」なほうがいいでしょう。逆に**ダメなのは「キリのよいところまでやる」という意識**です。

完璧な状態を目標に設定すると、途中で無理したり放棄したりしてしまう可能性があります。ちょっとだけ間に合わないとか、少し足りないとか、それだけで「もうダメだ」と気持ちが折れてしまうのです。

たとえば「本を毎日1章分読む」というタスクは、キリのよさを求めています。これでは、時間がないときや疲れているとき、1章分読めなかったら失敗を感じますよね。

少しでも本を読み進めているのだから、それはちゃんと挑戦しているし成功しているのです。なのに「ノルマを達成できなかった」というだけで、失敗した経験にすり替わってしまいます。これこそ、私が「中途半端」を推奨する根拠です。

何かに継続して取り組んでいるときは、中途半端なところでやめるようにしましょう。これは、すごく重要なポイントです。進捗やノルマ達成を求めすぎると、過度の充実感を期待してしまうので、それが足かせになってしまうのです。

モチベーションの維持にも「中途半端」は効果があります。目標に向かってがんばり始めたとき、最初は誰でもモチベーションが高いはずです。

けれど、やる気は時間とともに下がっていきます。やる気が下がると、自分に課したノルマが達成できず、さらにやる気が低下します。

モチベーションが続かないのは普通のことなので、それ自体は気にしなくて大丈夫です。ただし「どうやってモチベーションを維持するか」は、常に考え続けなければなりません。誰かに褒めてもらう機会を作るとか、ご褒美を用意するとか、自分で自分の機嫌を取る方法を用意しておきましょう。

そして、ノルマについては厳密にせず「中途半端」なところでやめておきましょう。

人間は、中途半端に止まっていると、それが気になってしまう生き物です。

「キリがいい」ところまで進めておくと、すっきりした気分になって次を始められないこともあるのですが、中途半端に放置しているという小さな焦りは、継続的な行動の原動力となります。「この後、アレをやらなければ」という感覚を持続させるのです。

これが案外、モチベーションの維持に役立ちます。

「中途半端」は柔軟性を帯びています。何かの影響で最終目標が少し変わっても、中途半端にやっているなら状況の変化に対応できます。ですから、大きな決意に引きずられずに、中途半端に計画を立ててください。

中途半端な特性を活かすためにオススメなのがストレッチです。ストレッチは柔軟性を伸ばしてくれますし、小さなタスク管理の練習にもなります。

大きな決意に引きずられないよう、まずはストレッチで休憩を入れてください。そこで目標に対して、自分はいま何をしているのかを振り返ってみましょう。

決意の本質というのは、実は中途半端な行動の中にあるのかもしれませんね。

ストレッチはゆるく続けよう
3日ぶりのストレッチでも問題ない

私は「ストレッチはよいことずくめ」とこれまで紹介してきました。ストレッチをすれば、大きな目標に近づけ、身体も健康的になり、心のバランスも整ってきます。一念発起しなくても、手軽にできるのがストレッチです。

それでも「ストレッチできてない」「簡単なはずなのにサボってしまう」となることがあるのはわかります。**ストレッチは簡単なはずなのに、なぜ続かないのでしょうか？**

最近は忙しい世の中になりました。パソコンやスマートフォンがなく、固定電話しかなかった時代は、何もかもがゆっくりでした。たとえば、電車で来る友だちと会うときは、時刻表を調べて、待ち合わせ場所を決めておき、もし会えなかったらどこへ連絡する、なんてことも事前に打ち合わせて進めていました。

いまは、待ち合わせの駅だけ決めておけば、直前に時刻表を調べ、電車に乗っているあいだに待ち合わせ場所を決めて連絡し、遅刻しそうならその場でメッセージを入れる、なんてせかせかしたスケジュールも可能になっています。

現代は、動画を倍速で見たり、本の結末だけネットで調べたりと、何もかも「その場で結果を出したい」「急いで結果を見たい」という時代になりました。世の中には情報があふれていますから、それも当然のことだと思います。

ただ、この「待てない」という空気感は、実はストレッチの大敵でもあるのです。

ストレッチの効果はすぐには表れません。特に身体の一部は、ストレッチをおこたるとすぐに硬くなってしまいます。ストレッチを続けないと、せっかく身体が柔らかくなっても維持できないのです。

この「すぐに効果が見えないけれど続けなければならない」という性質が、私たちを挫折に導く一因となっているのかもしれません。

でも、あきらめるのはとてももったいないことです。**ストレッチは、継続することでその真価を発揮します。**継続は力なり、です。

ここは、気楽に考えましょう。即効性や持続性を期待せず、楽観的にストレッチをしてみてほしいのです。

「ここ3日くらいストレッチするのを忘れていたな、じゃあ今日やろう」

この程度の気持ちで大丈夫です。どうせやるなら、とストレッチでも大きな目標を設定してしまう人がいますが、そこにこだわりすぎると、できないことにがっかりしてしまいます。

たとえば「身体を柔らかくして、開脚180度できるようになる！」とか、そんな気負った目標はあってもいいですが、別になくてもいいのです。

「そのうち開脚できるかも？」くらいの、もう少しざっくりとした楽観的な目標を考えてみてください。楽観的な考えこそが、気軽に始めることを可能にし、何よりも楽しい気分を作り出します。

ストレッチが続かなくてもいいし、続くようになれば、ほかの目標だって毎日続けることができるようになります。ストレッチのついでに資格の勉強、なんてセットにして考えるのもよいですね。

次に大事なのは楽しむことです。人は楽しいことなら続けられます。ゲームならずっとやっていられる、マンガならいくらでも読めるという人がいるように、ストレッチを「楽しいこと」の枠に入れてしまいましょう。

ちなみに、実際にストレッチをしなくても、ストレッチを楽しむことはできます。

たとえば、ダンスやフィギュアスケートの動画を観る、映画や劇を観るなど、観ているだけで羨ましい姿勢や身体の動き、演者さんのアクションを見て感動するだけでも十分ストレッチを楽しめています。

「あんな格好よくはなれないけど、あこがれるなあ」という思いを育てることで、実際のストレッチが楽しくなっていきます。

ストレッチに関する概念を楽しんでいければ、ストレッチに対する考えも柔軟になるのです。**なかなかストレッチができないときこそ、動画を楽しむことで脳内ストレッチを試してみてください。**何事も気楽に楽しむことが、長く続けるコツになります。

パフォーマンスの上がる首ストレッチとは?

すべてのストレッチは「1分」で済ませ

みなさんは、ストレッチの魅力は何だと思いますか?

ストレス解消、メンタルトレーニング、健康的な身体の維持、柔軟性を身につけること……。さまざまな要素の中で、少し見落とされがちなポイントがあります。


それは「1分でできる」ということです。


たとえばビジネス書を読んで、いろいろな思考方法や、ビジネス手法を学ぶのにはどのくらい時間がかかるでしょうか?

しっかり読むならば、最低でも1時間かかると思います。そこに書かれていることを実践するなら、その数倍の時間がかかるでしょう。

でも忙しい現代では、そこまでしていられない人、結果が出るまで待てない人も多いはずです。昨今は特に、なんでもすぐに結果が出るものがもてはやされます。

しかしストレッチは、持続性が大事。ストレッチでそれなりの成果を出したいのなら、やはり続けてみなければわかりません。

けれども、それとは別に、ストレッチに取り組んですっきりした気分になるだけでしたら「1分でできる」のです。会社に着いてパソコンを立ち上げるまでの1分。トイレに立って戻ってきて、次の仕事に移るまでの1分。昼食を食べた後の1分……仕事の隙間にストレッチをするタイミングはいくらでも作れます。

それ以外でも、たとえばバスや電車の待ち時間に、人には気づかれにくい指先ストレッチをしてみるなど、やれることはたくさんあります。

忙しい現代では、隙間時間で挑戦できる1分ストレッチは魅力的です。だからこそ私は、ビジネス書を読むよりも、ストレッチすることをオススメしています。

すべてのストレッチは「1分」でおこなえます。基本となるストレッチを決めて1分で実践していけば、10分間や1時間のストレッチにも簡単に応用できます。

そのため「1分」という時間にこだわり、濃縮された自分なりの「1分」ストレッチメニューを作っていただきたいと思います。

1分ストレッチのバリエーションをストックしていけば、時間、環境、感情に合わせてストレッチできて、それが自然な習慣になっていきます。

1分ストレッチは、脳の機能を刺激してくれます。特に効果があるのがワーキングメモリです。

ワーキングメモリとは、短期間だけ使える記憶ロッカーのようなものだと思ってください。脳の中で情報を一時的に保持し、それを処理するための認知機能の一部です。現在のタスクを遂行する際に必要な情報を収集し、記憶する能力とも言われます。

つまり「いまからスーパーに行くけど、買いたいものは、卵、牛乳、食パン、お肉」と暗記する枠がワーキングメモリです。この何を買うかという情報は、買いものが終わったら……いいえ、買いたいものをカゴに入れた段階で忘れてしまっていい、一時的な記憶ですよね。

ワーキングメモリは思考、学習、問題解決などで重要な役割を果たしています。ワーキングメモリが機能していると、認知能力や思考力の側面で素晴らしいパフォーマンスを発揮します。

要するに、ここを鍛えておくと、仕事がスムーズになると思ってよいでしょう。

そして、ワーキングメモリのパフォーマンスの発揮に、ストレッチによるミニリフレッシュをおこなうことがとても効果的です。1分のリフレッシュによって、外部の刺激から一時的に離れることになるので集中力が回復します。

これによって、脳が再びタスクに集中しやすくなり、ワーキングメモリの負担が軽くなって、その後の仕事への取り組みが変わってきます。

さらに、1分ストレッチは「時間が限られている」という点でも能力を鍛えてくれます。限られた時間の中で、どのストレッチをするのか。いまの自分に合ったストレッチを選択することで、チューニング力が鍛えられます。

「肩が痛いから肩を回そう」「タイピングのスピードが落ちているから指のストレッチを」と、いまの自分の状態を冷静に観察して、1分という短い時間を有効に使っていきましょう。

このようなチューニング力は主体性を創り出します。ストレッチのバリエーションを事前にストックしておく計画性も大事です。

バリエーションが豊富であればあるほど身体と脳が反応し、パフォーマンスが向上していきます。言い換えれば、**1分でストレッチのバリエーションを最大限に活かすには「チューニング力」を高めていく必要がある**のです。自分で選択や調整をおこなうことが、自分の身体を日々意識することにつながります。

すべてのストレッチは「1分」単位が基礎にあり、そこから自分で何を選び、実践していくかの細かな積み重ねが、最終的によい人生を創造できる力になっていきます。

1分を有効に使えるかどうか、まずは自分を試してみませんか?

本章の最後に、パフォーマンスを上げる首のストレッチをご紹介します。ここまで本を読んできてくださったので、首も疲れているかもしれませんね。疲労回復とともに、ダブル効果が期待できます。

首の
ストレッチ

あとがき

本書をお読みになっていただき、本当にありがとうございました。

私は20年を超える整体師としてのキャリアの中で、ストレッチを通じ、自分だけではなく、お客様の人生を好転させることができることを知りました。

整体師と言うと、ストレッチより、骨格の歪みを整えたり、痛みや筋肉の張りを和らげたりする施術を思い浮かべる方が多いと思います。ですが私は、かねて「まずはストレッチが大事じゃないのか」と考えていました。

本文の中でも紹介しましたが、いろんな整体師のあいだを行ったり来たりする方が大勢います。あのクリニックは合わない、このクリニックも合わないと、ひたすら自分に合う整体師を探し続けているのです。

もちろん、歪みや痛みなどは、プロでなければ解決しないことも多々あるでしょうが、それよりも大事なのは普段の積み重ねではないでしょうか。

本来なら、クリニックで治療される前に、自分の習慣を見直して予防するほうが先です。それなのに、セルフケアをせず、整体に頼ろうとする方が非常に多いのです。しかも、なかには「ジムで鍛えている」という方も少なくありません。ジムでお金を払って身体を鍛えるだけではなく、そのメンテナンスについてもお金を払って、整体に通っているというわけです。

たしかにジムは、マシンをそろえたり、運動する場所を確保したりするのは大変です。ですが、整体はどうでしょうか。さすがに施術はムリでしょうが、普段のストレッチなら自分だけでも十分にこなせるはずです。

さらに、自分の力で身体がほぐれることで、すぐにでも好パフォーマンスを発揮できるようになります。人に頼らず、自分でメンテナンスするからこそ、自信がついてきて、タフになり、メンタルが強くなる……といった効果が得られるのです。

また、身心は密接につながっていて、別々に考えられるものではありません。

ストレッチを習慣にしたことで「人づきあいで悩まなくなった」「モテるようになった」「婚活がうまくいった」という方を、私は何人も見てきました。

まさに「すべてはストレッチで解決できる」のです。

私は長年、ストレッチの効果について、本にして世に広めたいと熱望していました。こんな私の想いに共感して、出版の実現まで真摯に取り組んでくださった秀和システムの丑久保和哉さんには、たいへんお世話になりました。そんな丑久保さんをご紹介してくださった作家の石川和男さんにも御礼申し上げます。

私の夢を応援して、執筆中もずっと支えてきてくれた父・福嶋照雄、本当にありがとう。家族の支えがなかったら、私はとうに出版の夢をあきらめていたでしょう。

そして何より、この本を手に取ってくださった方々が、ストレッチで悩みを解決させて、自分の願いを叶えられることを願いつつ、ここで筆を置かせていただきます。

２０２４年２月

福嶋 尊

著者プロフィール

福嶋 尊（ふくしま・たける）

整骨院経営（国家資格：柔道整復師）17年、累計患者数は3万人以上。映画俳優、女優、プロ野球選手、格闘家が通院している。同時にメインパーソナリティーとしても複数のラジオ局で冠番組を持ち、ラジオフチューズ、調布FM、自由が丘FM、FMGIG、渋谷のラジオ、かわさきFMなどで約200番組以上に出演。スピーチコンテストの入賞も多数。また、朝活主催（著者が登壇する勉強会）10年 100 回以上。SNS のフォロワー数は10万人以上にも及ぶ。かつては「緊張」のせいで失業し、「集中できない」などの理由で失敗をし続け人生のどん底状態になるが、独自のメソッドで体をほぐす「すぐゆるストレッチ」を開発したことで人生を好転させる。本書では「あらゆる悩みはストレッチで解決できる」をコンセプトに、自身や患者たちの悩みを解決してきたストレッチの数々を紹介している。

◆装丁　大場君人
◆イラスト　森園みるく

すべての悩《なや》みは
ストレッチで解決《かいけつ》できる

発行日　2024年 3月 3日　第1版第1刷
　　　　2024年 6月 3日　第1版第2刷

著　者　福嶋《ふくしま》　尊《たける》

発行者　斉藤　和邦
発行所　株式会社　秀和システム
〒135-0016
東京都江東区東陽2-4-2　新宮ビル2F
Tel 03-6264-3105（販売）Fax 03-6264-3094
印刷所　日経印刷株式会社　Printed in Japan

ISBN978-4-7980-7145-9 C0030